人文中国系列
RENWEN ZHONGGUO

人文鼎湖

REN WEN DING HU

BOOK
广东旅游出版社
GUANGDONG TRAVEL AND TOURISM PRESS

陈以良 主编

图书在版编目（CIP）数据

人文鼎湖 / 陈以良主编. -- 广州：广东旅游出版社，2011.12
ISBN978-7-80766-318-8

Ⅰ.①人… Ⅱ.①陈… Ⅲ.①区（城市）- 文化史 - 肇庆市 Ⅳ.①K296.53

中国版本图书馆CIP数据核字(2011)第235879号

协调统筹：黄京康
策划编辑：江丽芝
责任编辑：张晶晶
封面设计：何　阳
美术编辑：何　阳
　　　　　蔺　辉
责任技编：刘振华
责任校对：李瑞苑

本书图片由鼎湖区委宣传部、鼎湖区摄影协会、鼎湖区方志办提供。

广东旅游出版社出版发行
（广州市中山一路30号之一　邮编：510600）
邮购电话：020-87347994
广东旅游出版社图书网
www.tourpress.cn
广州市岭美彩印有限公司印刷
（广州市荔湾区花地大道南海南工商贸区A幢）
720毫米×990毫米　　16开　　12印张　　80千字
2011年12月第1版第1次印刷
印数：1-6000册
定价：38.00元

【版权所有　侵权必究】
本书如有错页倒装等质量问题，请直接与印刷厂联系换书。

《人文鼎湖》编辑委员会

主　　任：陈以良　孙　德
副 主 任：陈家添　李　奔　邹会雄
编　　委：陈　义　顾兆祺　陈海源　欧荣生　郑时广
　　　　　叶清森　张成志　谢小红　叶可晃　何初树
　　　　　蔡海阳　罗有茂　王建华　江泽泉　杜伟波
　　　　　陈大同　严木华　彭志一　冯仕彬　彭树文
　　　　　梁嘉韵
主　　编：陈以良
副 主 编：陈　义　顾兆祺　欧荣生　郑时广　叶清森
执行主编：陈海源　张成志
撰　　稿：陈大同　江泽泉　杜伟波　严木华　彭志一
　　　　　冯仕彬　彭树文

目录 CONTENTS

印象鼎湖 / 9

佛光鼎湖 / 17
佛祖警语：正法眼藏，涅槃妙心 / 18
 妙心：不可思议 / 19
 八字题刻——西江流域最早的摩崖石刻之一 / 20

龙飞遏彩霞，云顶镇宝鼎 / 23
 传说：黄帝乘龙飞天 / 23
 "鼎湖"得名的另两种说法 / 23
 宝鼎园：满园鼎文化 / 25

智常首开光，招提垂千年 / 28
 三十六招提：遗迹可观可思 / 29
 老鼎：唐风今世 / 29

庆云耀五色，十方齐礼拜 / 33
 "庆云"：源自《卿云歌》/ 34
 名僧住持垂佛统 / 35
 禅、净、律三宗齐修 / 37
 仪轨法式相庄严 / 37
 历代名流虔敬礼 / 39

胜迹鼎湖 / 43
层峦蓊郁鼎湖山 / 45
 "人与生物圈"定位站：国际性科学研究基地 / 45
 荣睿碑亭：唐代中日文化交流的见证 / 46

九坑凝碧九龙湖 / 50
 九支溪汇成九坑河 / 51
 九坑河水库"变身"九龙湖 / 51

慈云含笑葫芦山 / 54
清心园 / 55
吉庆园 / 56
慈云寺 / 56

羚峡纤痕诉行难 / 57
峡道古今 / 59
悬崖纤痕 / 61
江畔篙穴 / 62

山涌云溪，野连白水 / 64
降丰雨涵水源：产水之乡 / 64
全国闻名的"天然氧吧" / 67
天然过滤造就一类水质 / 70

包公清风秀砚洲 / 72
芳洲：物华文华 / 72
砚乡珍品收藏处：子石居 / 74
想河清一笑：包公楼 / 75

文华鼎湖 / 77
科举佳绩归文教 / 78
科举：得功名者，不胜枚举 / 78
著述：可圈可点，硕果累累 / 78
崇文兴教的传统与求学创获的风气 / 79

文昌武雄涌英杰 / 80
热心公益陈一龙 / 80
科场耄耋谢启祚 / 82
清誉远播彭泰来 / 84
勤政廉明苏廷魁 / 90
清朝骁将张国梁 / 97

造福桑梓陈祝龄 / 100
孔门大师陈焕章 / 107
物理学泰斗吴大猷 / 116
巾帼希圣李蓬仙 / 123

风俗鼎湖 / 127
特色风情 / 128
疍家船上办喜事 / 128
中秋之夜烧番塔 / 129
客家山歌情真挚 / 129

建房旧俗："丁财富贵一齐来" / 131

人生礼俗：红白诸事有讲究 / 132
婚礼风趣 / 132
生育风趣 / 133
做寿风趣 / 134
丧葬俗例 / 135

传统节诞：那些承传数百年的节庆 / 137
二十八洗邋遢 / 137
正月十五"偷青" / 137
拜"新山唔过二月二"、四月八"鬼门关" / 137
端午节 / 138
重阳节登高 / 139
观音香会三个十九 / 139
康爷诞 / 139
公太诞 / 139
苏真人诞 / 140
"官三民四疍家五"灶君诞 / 140

古村鼎湖 / 141
桃艳溪淌秀桃溪 / 142
"一字基础耙齿巷" / 144

与珠三角"沙湾何"同宗 / 145
"太白寻诗去,桃花带雨浓" / 146
何真人的传说故事 / 147
注重教育,培育何氏英才 / 148

双龙出海振夏岗 / 150
腾龙门镇双龙跃 / 151
远古遗存溯龙渊 / 153
"金耳环落入母鸭肠" / 153
朱子故乡崇教化振民生 / 154

泮水泽长润泮迳 / 155
泮水长绕仰鳌头 / 156
文脉绵延八百年 / 158

田广物丰在莲塘 / 159
原来是莲浦! / 161
六七百年洗礼成物阜文华 / 165
莲塘的那些老建筑 / 167
包罗万象的特色歌谣 / 169
近代留名的杰出人物 / 169

古韵古树满蕉园 / 171
与庆云、白云两寺结缘 / 172
苏真人遗迹与灵物 / 174
古屋古井与古树 / 174

度假鼎湖 / 175
砚渚沃土,文脉相传 / 176
天然氧吧,鹭翔天湖 / 179
五色画廊黄金沟 / 182
藏龙沟,鼎湖山的后花园 / 183
同古山居——湿地风光农家菜 / 184

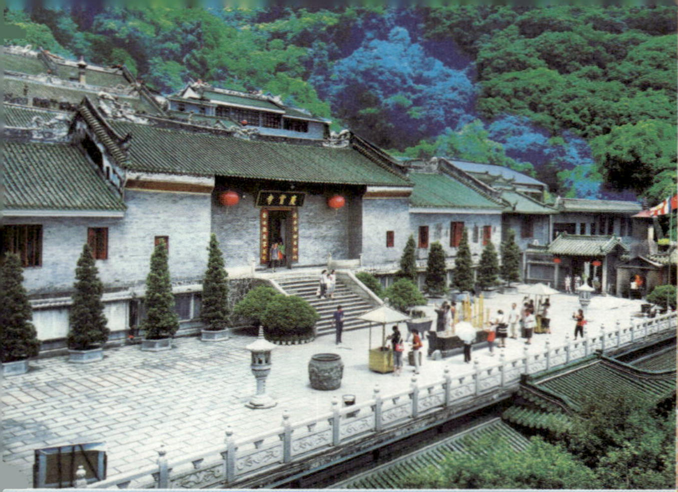

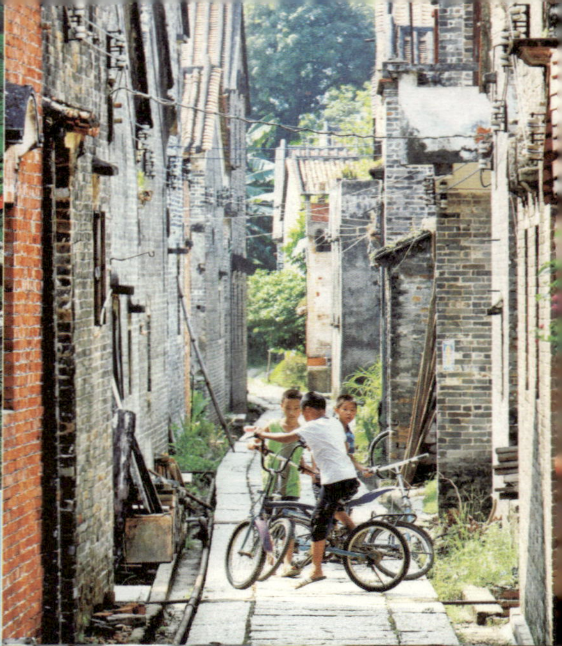

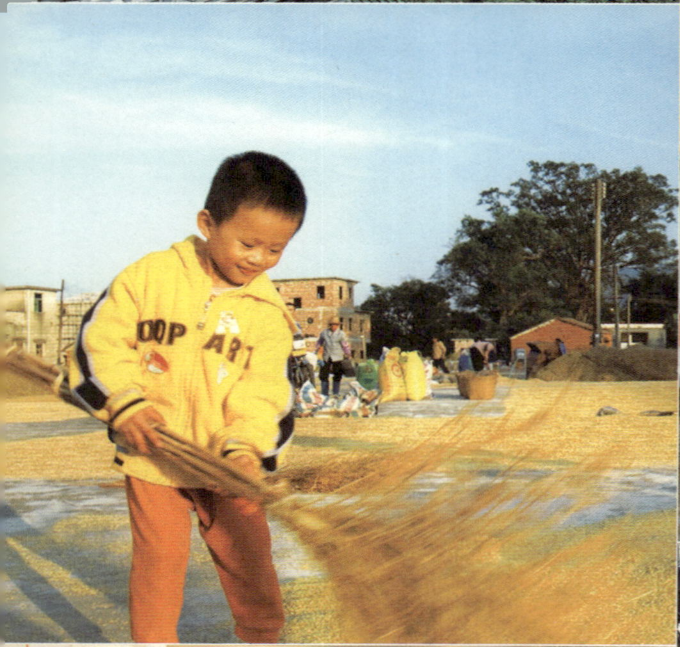

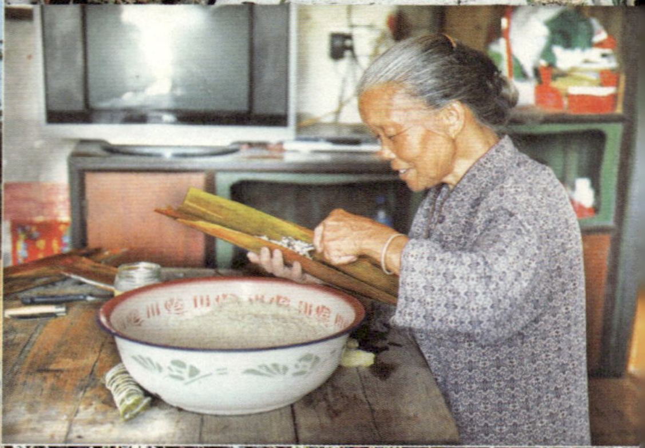

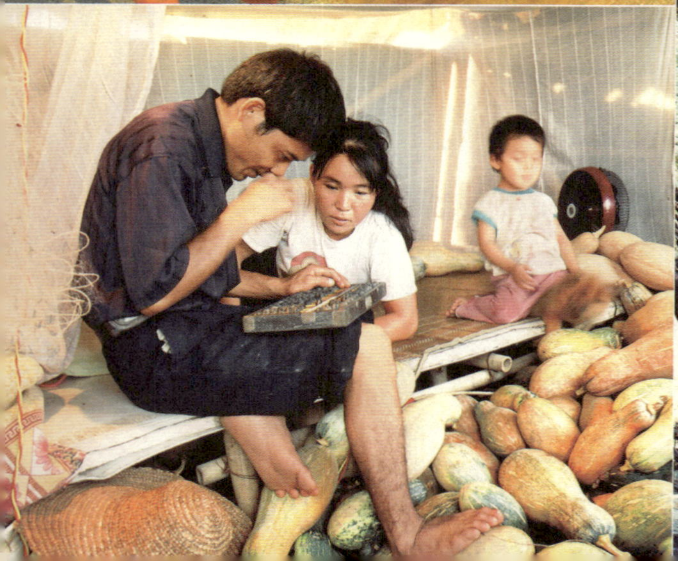

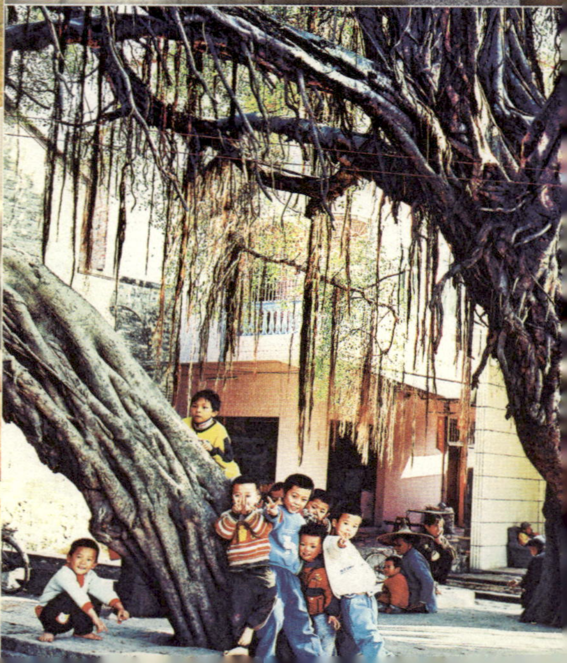

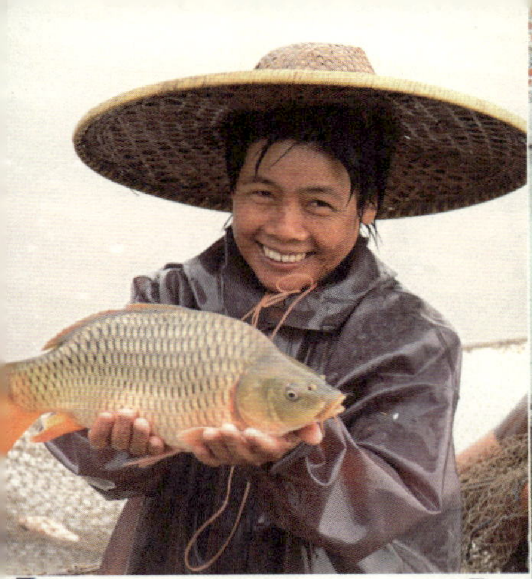

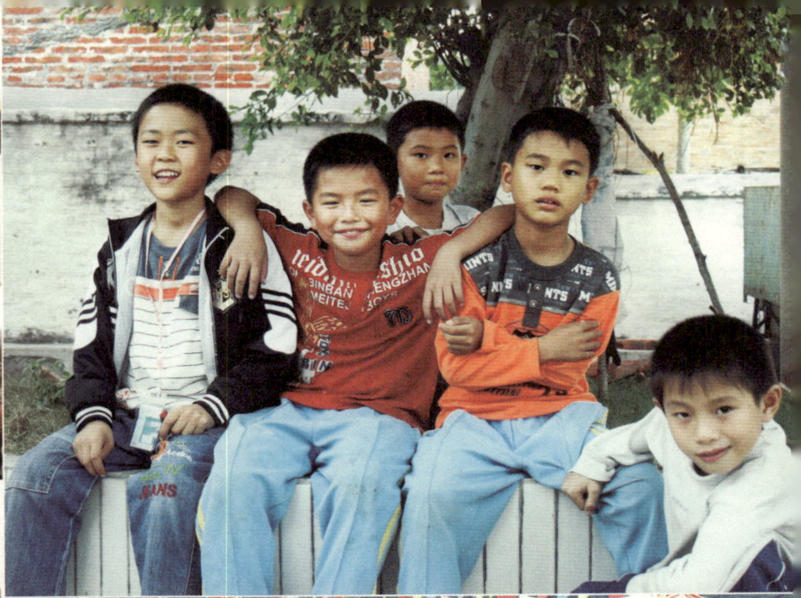

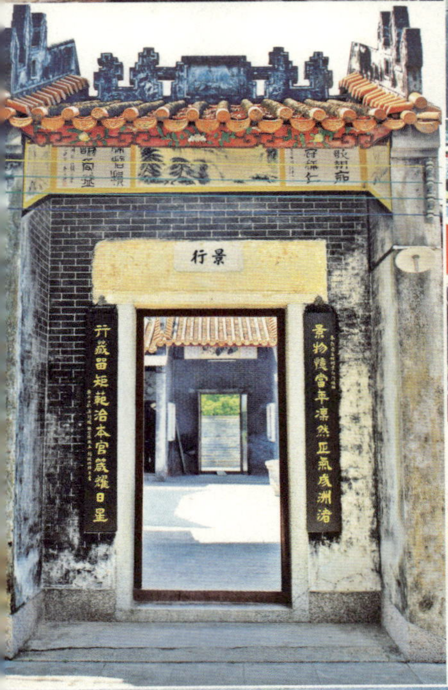
景行

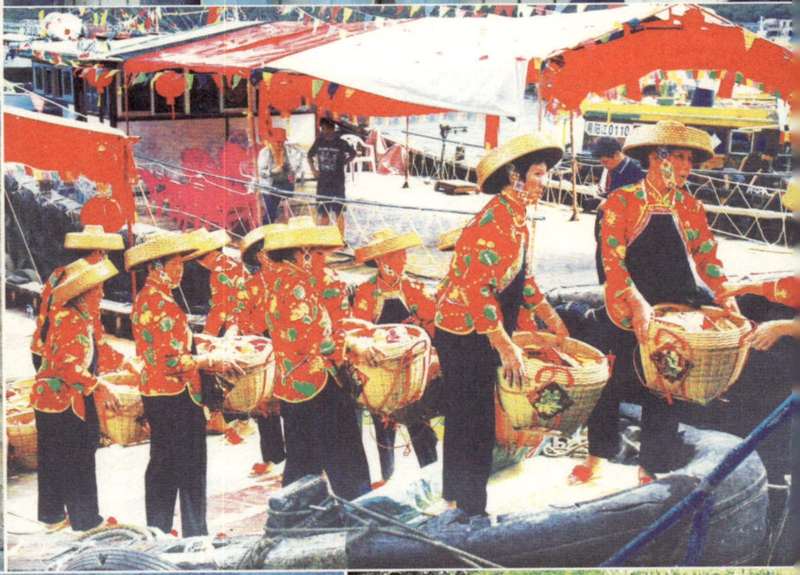

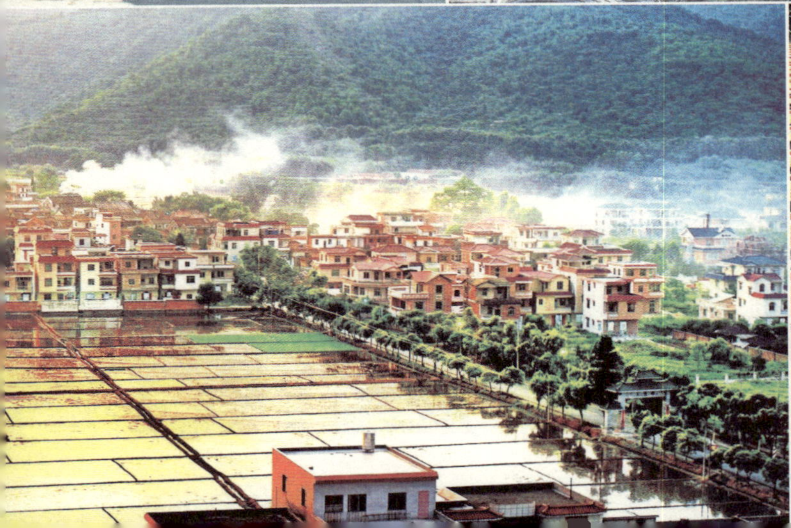

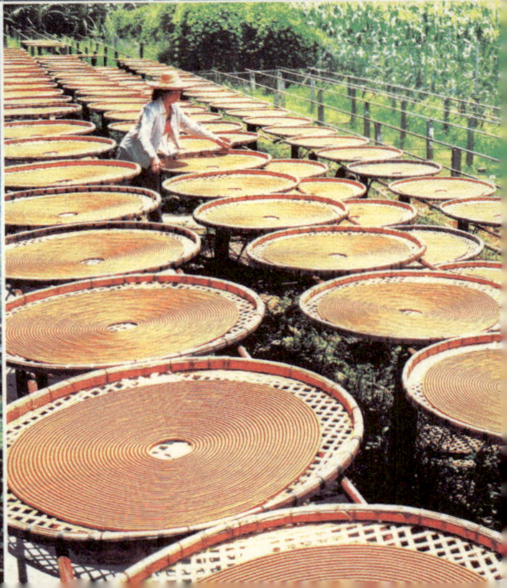

鼎湖人文景点示意图

- 葫芦山风景区
- 莲花镇 蓬塘村
- 洚迳村 夏岗村
- 永安镇
- 沙浦镇
- 文芳墅
- 天湖
- 广利镇
- 砚洲岛
- 桃溪村
- 黄金沟
- 九坑河水库 九龙湖
- 凤凰镇
- 藏龙沟
- 老鼎
- 鼎湖山自然保护区
- 庆云寺
- 跃龙庵
- 燕园村
- 羚羊峡

印象 鼎湖

鼎湖区，珠江三角洲平原与粤西山区在此对接。横跨西江两岸，控扼北江绥江，平畴绿野的边际，南北两脉青山逶迤伸展。山色深秀，沧江浩荡，风光旖旎。这里是著名的鱼米之乡，历史悠久，文化蕴积丰厚，历代人才辈出。

印象鼎湖 人文鼎湖

鼎湖区，珠江三角洲平原与粤西山区在此对接。横跨西江两岸，控扼北江绥江，平畴绿野的边际，南北两脉青山迤逦伸展。山色深秀，沧江浩荡，风光旖旎。

全区面积596平方公里，总人口16万。在历史上是鱼米之乡，又是西江山货特产桂皮、松香、薯莨、茶叶、竹木以及蕉葛丝麻、鱼花河鲜的重要产地。在明清之际，岭南文学大家屈大均曾经盛赞区内最大的集市广利墟："鱼贱无人买，柑多任客尝。酒垆无大小，一一喷花香。"建国后，鼎湖区一直作为肇庆地区和广东省的主要产粮区，提供大批商品粮和鱼、鸡、鸭、鹅、猪等肉类，保障社会供给。改革开放后经济大发展，社会面貌发生了巨大变化。随着《珠江三角洲地区改革发展规划纲要》的实施，特别是纳入广佛肇经济圈以后，以鼎湖为主体的肇庆新区正在建设规划，鼎湖区迎来千载难逢的战略机遇。新一轮发展热潮正在兴起。

鼎湖新貌

人文鼎湖
REN WEN DING HU

　　这里历史悠久,文化蕴积丰厚。蚬壳洲贝丘遗址和屈肢葬遗址表明,早在5000多年前的新石器时代晚期,这里已有人类繁衍生息。他们采集水生的蚬和其他动植物作食材,废弃的蚬壳日积月累,竟至堆积成丘。20世纪70年代初,湖南省长沙马王堆3号汉墓出土了《地形图》,描绘西江入海之前,水流分汊,然后重合成一个椭圆形的黑体,这一黑体理应是今天以羚羊峡为标志的西江沿岸地带,也就是今天鼎湖区的跨江两岸。可以认为,在南越国时代,汉朝中央已经掌握了岭南地区西江下游的地理特征,并且在地图上标示出来。其后东汉初年,朝廷调动大军,以伏波将军马援为统帅,扶乐侯刘隆为副帅,统率楼船将军段志等指挥的水陆大军进军南海,相传当时有一支部队穿过羚羊峡而挺进。明代高要文士吴尚质作《羚羊峡》诗道:"溪浒尚涵包拯砚,石崖曾渡马援兵。"到东汉末三国分立,刘表、曹魏、孙吴和刘蜀先后争夺交州,曾经在羚羊

峡展开激战。清代朱彝尊《舟次羚羊峡》诗："交州怀步骘，临眺一凄然。"随着历史的演进，唐宋以来鼎湖区、羚羊峡、砚坑、西北两江汇流处的水乡，附会着种种灵异动人的传说、缠绵悱恻的故事、深情婉约的诗歌、典雅富丽的辞赋，作者当中不乏大名贯耳的顶级名家。

　　来游任职的不说，根于斯生于斯，逢时应世、涌现传承的杰出人物之中，也有在国内甚至国际产生深远影响的大师、名家。清代乾隆年间谢启祚在科举场上拼搏，八九十岁仍然赴省上京参加乡试会试，乾隆五十一年（1786年）果然中举人。他戏作《老女出嫁》诗道："行年九十八，出嫁不胜羞。照镜花生面，光梳雪满头。自知真处子，人号老风流。寄语青春女，休夸早好逑。"

　　清末陈焕章12岁考取了县学生员，依然求学深造，探求维新之道，待机而动。等到末科乡试开考，他一试便中举人；第二年末科会试又连捷，一举中进士，在最后关头冲刺科举全程。并且得入新设立的进士馆，第二年又获派公费越洋赴美国，考入名校哥伦比亚大学，在英文书海中钻研学理，与中国传统学术会通，前后七年

本博连读，著作《孔门理财学》作为博士论文，以高评价通过，获得政治经济学博士学位，成为中国进士获得博士学位的唯一一人。正是这本《孔门理财学》，当中论述的中国历代常平仓制度和其他公共财政措施，被20世纪30年代美国新政制订的农业政策所吸纳，影响深远。

　　被尊称为"中国物理学之父"的吴大猷博士，为世界现代物理学的研究和教育贡献了70多个年岁。他把以量子力学为标志的现代物理学引进中国，对中国的科学发展作出奠基性的实际贡献；他的物理学及哲学著作宏富湛深。

　　远从云贵湘桂汇集而来的西江，日夜冲刷着羚羊峡险峻的石崖。高耸的羚羊峡又把奔流向南海的西江紧紧约束，形成"两峰支碧汉，一水抱清湾"的高峡沧江胜境。初唐神龙年间（705～707年），著名文学家沈佺期来此畅游，深感

13

印象鼎湖 人文鼎湖

这里天造地设的灵气，激情写作《峡山寺赋》，惊叹"览遍名山境，无如此峡山"。此后不知有多少大手笔赋诗撰文，表达内心的感受和由衷的赞美。至今峡中的清风阁一带，崖壁还散布着石刻的题书、题记。另外，山腰间崖角峭壁表面又散布着道道纤痕；山麓江畔的矶突磐石，也散布着道道篙穴。尽管它们无声，但那些独有的痕迹，似乎在诉说当年船工们竭力拉纤，与撑篙并作，力挽重载船舶逆流而上的情景——那是一种战浪头、避石角的全力拼搏。登临其间，历史进程的留痕，引起时间上的无尽追忆，空间上的悠悠遐想。

鼎湖山，循着北回归线蜿蜒，雨量充沛，气候温暖。在同处一线的广大地区演变成沙漠的沧桑时，鼎湖山还得以保持植被满覆，树林蓊郁，百花芬芳，飞瀑飘溅，清溪淙淙，有"活的自然博物馆"、"绿色宝库"、"基因储存库"美誉，成为游览、休闲、康体、养生的乐园。

鼎湖区内山、水、绿、鲜，多元素和谐并存，自然与人文组合，色彩鲜亮。景区景点凸显五光十色的景观，千姿百态，各擅胜场。

九龙湖风景区，"山、湖、溪、木、石、云"为六绝；"幽、野、奇、趣"集一体；"一湖碧水，十溪汇流，百鸟争鸣，千顷森林，万亩

鼎湖晨曦

丰收圆帽曲

水面"，风光秀丽，胜景荟萃。砚洲是全国内河中最大的冲积岛，砚洲生态文化休闲度假区拥有金沙滩岭南民俗风情浓郁的村庄、民居和水色绿韵的"桑基鱼塘"、"大榕树下"、"水乡蕉林"、"飘香四季"，为游客敞开返璞归真之门。天湖生态旅游度假村，生态环境优越，500余种植物浓荫铺地，时果应节飘香，更有飞鸟百种。当中珍稀白鹭有1万只以上，大可重温大诗人杜甫当年所描述的"两个黄鹂鸣翠柳，一行白鹭上青天"的场景。纵观禽鸟翱翔，可放飞心情，人鸟相亲，物我相忘。村内的马尔代夫式的木屋度假区，"喜有此鲤"乐园、"喜上眉梢"游泳池、"喜事连连"观鸟区、"喜上加喜"绿道，20

多个"喜"字主题景点，足以尽情体验传统喜乐文化的意蕴。葫芦山风景区"三区二园"中，苏州园林式的格局，回廊曲折，亭台楼阁连接呼应，依稀间，缥缈的仙山楼阁就在眼前。

　　西江两岸，鼎湖山麓，还散布着古树深巷，积淀着古宅、古祠、古亭、古桥、古井、古树、古园，寻幽探胜之中，风貌千情万种，人文郁郁，感受沛然。加之特产美食，山野瓜菜林林总总。文㞷鲤、西江嘉鱼、西江三鳌，明清以来脍炙人口。明代大儒白沙先生陈献章乘船途中过生日，以嘉鱼配酒，以致醉把出生猴年当牛年。清代文学大家屈大均不但自品嘉鱼鲜味，还不辞麻烦，就船蓄养三天，运回番禺老家奉敬高堂父母，同享天伦之乐。文㞷鲤更是清朝宫廷贡品。还有沙浦肇实、砚洲粉葛、鼎湖紫背天葵，种种土产特产风味浓郁；客家山歌，疍家水上婚礼，中秋之夜烧番塔，风情引人入胜。

佛光 鼎湖

当年智常禅师谨遵惠能大师「各为一方师」的恳嘱，到端州弘扬南禅，在鼎湖山涅槃台摩崖作八个大字题刻，并创建白云寺，作为弘法基地。「当时佛法初兴，高僧类聚。环山四面，皆为招提。人各一区，凡三十有六。」

佛祖警语：正法眼藏，涅槃妙心

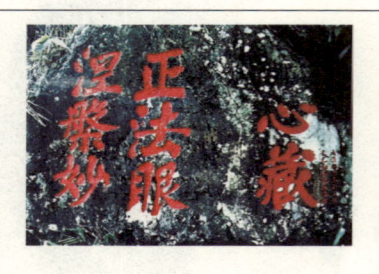

　　这是擘窠大字的摩崖石刻，刻在鼎湖山云溪风景区的涅槃台石壁上，刻幅长2米、宽3米，字体楷书。8个字排列，横竖都分成3行，竖排从右至左第一行为"心藏"，第二行为"正法眼"，第三行为"涅槃妙"。究竟如何读法？怎样组字成语才能圆通？实在是费脑筋的事。向来有不尽相同的解读，加上排列、行款异常，带有淡淡的神秘色彩。但是对照佛教经典和载籍，可以得到充分的根据、充足的理由作出合适的语句组合排列和读法。《五灯会元》和《释氏稽古略》都称"世尊曰：'吾有正法眼藏，涅槃妙心。'"可知释迦牟尼的原话是"正法眼藏，涅槃妙心"。按这样的组合来竖读，就是第二行的"正法眼"与第一行的下字"藏"、第三行的"涅槃妙"与第一行的上字"心"组成句子，表达就显豁清晰了。

　　这8个字没有1个虚字，都是佛教的术语和专有名词，通过解读，可以了解佛教特别是其中的禅宗六祖惠能的思想意识，这是本题刻足供观赏的核心价值所在。

妙心：不可思议

所谓正法，是"真正之道法也，理无差曰正"。达到这个地步，只有佛才能做到，"佛能以正法说与众生"。"眼"是中文译梵文的比喻译词，原意是"能于境行尽见，行尽见诸色"，与人体上的眼"体用相当"，因此用眼来表示阅历过的宇宙人生的万象。"藏"并非指一般的收藏，而是说佛教的经典"能包含蕴积之义"，故名为"藏"。至于出现较多的"涅槃"，指寂灭、死亡，容易理解。但"妙心"又有特殊的含义。"心"也是梵文的中文意译，中文的"心"有"积集、集起之义"。而"妙"的梵文原意是不可思议，因为"心体不可思议，称之曰妙"。可见涅槃的境界实际上是处在妙心之中，是不可思议的。要达到这种境界，必须破除种种不净的妄心、邪心、嫉妒心、恶毒心，回归真心、本心、洁静心，修炼至最高境界的妙心。正如惠能《六祖坛经》所反复强调的，"即心是佛"、"见性成佛"。

八字题刻——西江流域最早的摩崖石刻之一

这八个擘窠大字形态丰满，笔画壮实，浑厚刚健，书法艺术价值高。书幅右侧刻小字题款：鼎湖龙潭住庵智常刻。大清同治癸亥三月己巳，南海孔广陶观。

孔广陶这一题款的作用，不但在于记下他当日曾经到此参观、欣赏，而且指认了"鼎湖龙潭住庵智常刻"，为原刻不记题主作了补刻。至于智常刻石的时间，清宣统《高要县志》著录该题加按语说："此刻不著岁月。考《坛经》，六

人文鼎湖
REN WEN DING HU

虔诚膜拜的市民

祖以太极元年七月至南华、新州，先天二年八月坐化，智常住鼎湖，应在六祖去南华前后。"也断定是智常所题刻，刻期在"六祖去南华前后"，即是在唐太极元年七月至先天二年八月（712～713年）前后。至今已有1300年，是西江流域为数不多的最早摩崖石刻之一。

　　至于智常，据《六祖坛经·机缘品》，他在惠能的43个嗣法门人中排位第九，信州贵溪（今江西省贵溪）人，曾参与面受惠能的灭度前嘱咐："汝等不同余人，吾灭度后，各为一方师。"他遵嘱，依期到端州鼎湖山创建佛寺，弘扬南禅。而在清同治二年（1863年），认证智常题刻的孔广陶是南海县人，与其父孔继勋同是著名的书籍收藏家、编印家，建有岳雪楼，精藏古籍、书画，号称"三十三万卷书堂"。孔广陶著有《孔氏岳雪楼书画录》，鉴定、选刻重要古籍多种，他的认证具有相当的权威性。他另在跃龙庵、圣僧桥、飞水潭留下题刻，可见对鼎湖山兴致勃勃。由此也表明智常的八字题刻，有着丰富的内涵，多重的价值，十分珍贵。该主题有待深度开发，妥善保护，科学利用。

龙飞遏彩霞，云顶镇宝鼎

> 在中国佛教史上称为"中兴禅宗三大老"之一的憨山和尚，于明万历年间（1573~1619年）到肇庆推动佛教事业，作诗《题莲花洞》二首，说："黄帝乘龙去不还，白云依旧自年年。"在《鼎湖白云寺》诗二首中又说："苍梧西望鼎湖东，黄帝飞升湖已空。"两处都提到黄帝曾经在鼎湖乘龙升空飞去的神话。至于乘龙飞走、升空的情景又是怎么样，都没有说下去。

传说：黄帝乘龙飞天

据《史记·封禅书》记公孙卿向汉武帝讲述，黄帝铸鼎"既成，有龙垂胡髯，下迎黄帝。黄帝上骑，群臣后宫从上者七十余人，龙乃上去。余小臣不得上，乃悉持龙髯，龙髯拔，堕黄帝之弓。百姓仰望黄帝既上天，乃抱其弓与胡髯号，故后世因名其处曰鼎湖。"憨山在诗中并没有提到铸鼎的事，可能是故意隐去的，因为《史记·封禅书》所讲述的黄帝铸鼎是在荆山之下，原料是采自首山之铜，与本地的鼎湖传说不一样，只就乘龙说乘龙。尽管这样，憨山的诗作于庆云寺创兴之前，表明肇庆鼎湖山最迟在明万历年间之前已有黄帝曾经在这里乘龙飞天而去的神话流传了。

"鼎湖"得名的另两种说法

肇庆对鼎湖这个名称的来历另有两种说法，一种是说鼎湖山中心部分在山麓处有三座山峰分歧挺立，中峰浑圆秀丽，侧旁两峰与中峰对角犄立，像圆鼎的三条足。一种是说因山顶有湖，称为顶湖。"顶"与"鼎"同音，又有三峰象形，"鼎"与湖齐有，于是称为"鼎湖"。总之，不论哪种说法，约定俗成最少有500年以上，"鼎湖"这个富有诗意的名称势必永存。

外国的小伙子也来求好运

宝鼎园：满园鼎文化

鼎湖山有山有湖无鼎？2000年初，肇庆市兴建宝鼎园（又称"宝鼎文化广场"），年底建成。

进园首先触目的是当今世界上最大的砚台"端溪龙皇砚"。这一方由时年99岁高龄的国家级美术大师黎雄才先生题刻的巨砚，吸引了不少游客在此驻足拍照留念。

登上宝鼎园，大鼎一一展现。

最著名的那只大鼎名曰"肇庆九龙宝鼎"，高6.68米，口径5.58米，重16吨，是目前世界上最大、最高、最重的青铜鼎。这鼎是我国著名青铜器专家、上海博物馆原馆长马承源教授亲自主持设计的，由江西省裕丰铸造厂承造。它既继承历代青铜器铸造风格，又突出现代创意，双耳宽大，鼎外身饰有20条蟠龙，寓意为2000年造。鼎口沿下有3组对称的龙纹，为6龙，加上三足顶端的3个龙头，共9龙，象征为"九龙鼎"。鼎之腹部是波曲纹，环回旋曲，似山重岭叠，寓意着

佛光鼎湖 FOGUANG DINGHU

人文鼎湖 REN WEN DING HU

祖国河山充满生机和平稳。鼎体铸有篆体铭文："敬铸肇庆九龙宝鼎，喜迎二十一世纪。"也是马承源教授题写的。

大鼎左边还有两个大鼎，一个写着"香港宝鼎"，一个写着"澳门宝鼎"，极其壮观。香港宝鼎是在1997年香港回归祖国的重要历史时刻，由香港同胞向香港特别行政区政府赠送的宝鼎，故称"香港宝鼎"。原件高3.59米，现屹立于香港特别行政区。澳门宝鼎，是1999年澳门回归祖国的重要历史时刻，由澳门同胞向澳门特别行政区政府赠送的。原件高3.59米，现屹立于澳门特别行政区。

大鼎右边则是"世纪宝鼎"，是仿1995年10月21日江泽民主席代表我国政府送给联合国的那只青铜宝鼎的模样而制，原件屹立在美国纽约联合国广场。鼎高2.1米，象征21世纪，口径1.5米，重1.5吨，鼎底0.5米，2米见方。鼎身铸有56条龙，象征华夏56个民族。这鼎三足鼎立，双耳高耸，商周纹饰，浮雕兽

气度非凡宝鼎园

面，云纹垫底。鼎内铸有金文："铸赠世纪宝鼎，庆贺联合国五十年华诞。"底座前后分别用金文铸有"世纪宝鼎"和"中华人民共和国赠于一九九五年十月"字样。造型雄伟，气势宏大，古朴典雅，庄重美观。

侧边则是福禄寿屏风及三个中鼎，屏风高6.6米，前面三个鼎分别高1.2米。接着，有一系列鼎亭，亭内有一个四联鼎，每鼎盖顶有三头卧牛为饰，每鼎只有一个鼎足，六个附耳，其中两耳共用，据介绍是仿战国晚期（公元前4世纪～前221年）楚鼎制铸而成。一个秦公鼎，高47厘米，据介绍是仿甘肃省礼县大堡子山秦国墓出土之鼎制铸而成。还有一个龙纹鼎，据介绍是仿1979年陕西省湾化史豪塬村出土的西周早期（公元前11世纪）藏品制铸的。此外，还有一个曰大禾方鼎，原是仿1959年湖南省宁乡黄村出土的商代（公元前13～前11世纪）的湖南省博物馆藏品制铸的，高38.5厘米，重12.85公斤。最后，还有一个兽面纹方鼎，此鼎是仿1974年郑州市张寨南街出土之鼎（公元前15～前13世纪）制铸而成，高100厘米，重82.5公斤，原物为中国历史博物馆藏品。看了这么多"鼎"，真正感受到"鼎"文化的乐趣。

鼎湖幽胜

智常首开光，招提垂千年

当年智常谨遵惠能大师"各为一方师"的恩嘱，到端州弘扬南禅，在鼎湖山涅槃台摩崖作八个大字题刻，并创建白云寺作为弘法基地，然后陆续建成属下的"三十六招提"。招提也就是佛教寺院。清康熙年间编修的《鼎湖山庆云寺》称："当时佛法初兴，高僧类聚。环山四面，皆为招提。人各一区，凡三十有六。"

憩庵

三十六招提：遗迹可观可思

至今飞水潭、涅槃台、三昧泉、圣僧桥、罗汉市，遗迹尚存。从康熙年间到现在经历了300多年，尽管遗迹又发生了变化，但有些遗迹仍然保持着胜境的本色，吸引数以万计的游客到来游览。飞水潭是观赏瀑布、令游客流连忘返的佳境。憩庵坐落在平野之中，当年是信众乘船前来的登岸处和礼佛的首站，是登山的憩息处，尽管社会环境、交通条件已经发生变化，但香火仍然兴旺。至于智常禅师开创的白云寺及其邻近的跃龙庵，尽管也曾经历过波折，但几经重建、修建，至今仍然开放。特别是白云寺，规模严整，设施齐备，与名山古刹匹配，已有1000多年历史。

白云寺在唐代曾名"龙兴寺"，明万历年间重修后曾改名"鼎湖古寺"，作为寺名的四个大字刻石，仍然镶在大门楣上。寺内大雄宝殿庄严肃穆，两边有十八罗汉，有伽蓝殿、祖师殿、施主殿。圣像中有两尊的铸造年代较远，体形较大。韦驮殿中的韦驮菩萨像，重400多公斤；大雄宝殿右侧的铜铸如来佛像，重达800多公斤。

寺内除山门、花园、庭院外，主体建筑分为前后横排两列，以天井相隔，后列中间为大雄宝殿，供奉释迦牟尼铜像。左侧为五佛堂、檀越堂，右侧是祖堂、厅堂。前列中间是韦驮殿，供奉韦驮铜立像。左右均为厅堂、耳房。庭院内古树挺拔、环境清幽、古迹罗列，千年古梅、古桂蔚然成荫。寺外近处就是跃龙庵，附近分布着罗汉桥、圣僧桥、钓鱼台、仙棋石、石城门等遗迹，俨然一处佛光圆满的境界。

跃龙庵据民国《高要县志》记载为宋代建，建筑的平面布局与白云寺大致相同，但跃龙庵正殿供奉的是观音汉白玉石像。

老鼎：唐风今世

白云寺和跃龙庵所在地属于云溪风景区，本地俗称"老鼎"，设有专用的游览路线。游客启程，顺着山间小道拾级而上，道路两旁尽是各种树木，接近3000种；各种珍贵的草木，如蕨类植物，随处可见，从未见过的、濒临绝种的植物就有不少。因为林木遮挡着阳光，尽管时当正午，烈日当空，骄阳似火，但林荫山道中却一派清凉舒适，使人们真正吸收到清纯的氧气。

憩庵

  更为有意思的是，当人们进入山谷时，枝头小鸟会友好地腾飞、欢唱。林区树木散发出清香，真有"香气扑面花袭人"之感！如"世外桃源"，真正享受到幽静、平和、赏心悦目的自然境界。

  最为吸引人者，是那山间小溪长流之水，在这里能真正享受溪水潺潺的美景和妙声。联想唐代大诗人王维那"空山新雨后，天气晚来秋。明月松间照，清泉石上流"的著名诗句，仿佛增添了无限的游趣。

  到了第一个瀑布，据说地名为"鹅潭"。当听到"哗哗"的流水声，山鸣谷应，好像一曲泉水音乐在耳边鸣奏，十分动听。细看，鹅潭飞瀑，不到10米高，而那清澈的山泉便吸引着你自然地脱下鞋袜，卷起裤脚，涉水其间，尽情嬉戏。只见男女老少，相互泼水取乐，虽比不上西双版纳的"泼水节"那么激烈，但也给人们一种重返童年、水中嬉戏的乐趣。

  到了水帘洞天，景色更迷人。那景，甚像《西游记》中花果山水帘洞一样的奇，一样的美。奇在洞穴上端，一幅约有20米宽的瀑布像海浪那样腾空飞溅，气势如虹。沿着整个洞穴的石壁半部，形成一个天然洞穴，走进去，清水不沾衣，飞水之美，与众不同。

  水帘洞还有一个特色是其石似卵，洞穴水底比比皆是，洞壁长满青苔，光滑潮湿。

更为有趣的是老龙潭，走到老龙潭，都以一躺"龙床"而自豪。这个龙潭很深，据传底通西江，但真假无从考究。俯视其水，投石水中，难听其到底的回音。传说"罗隐皇帝"常卧"龙床"，当听到白云寺和尚打钟开饭时，才起床上寺吃饭，和尚厌其懒，改为饭后打钟，"罗隐皇帝"知情后甚为不满，即题"饭后钟、各西东"之句，白云寺的和尚也因香火不盛而各奔西东，应了"罗隐皇帝"的先兆。

老龙潭，水面不宽，处于两山峭壁之间，壁上有"老龙潭"三个大字，潭峡长、潭水深、古老神秘，使人感到莫测，故好奇的游客驻足于此，都欲探"奇"寻究竟。

云溪景区一带，瀑布最多，顺水而下，一个接一个，顺序为老龙潭、跃龙潭、三昧潭、水帘洞天、白鹅潭、含珠洞、葫芦潭等，它们之得名，有的出自典故，有的因形而名，宛如一串艳丽的珍珠，镶嵌于这条翡翠的青带之中，供游人欣赏。

由于老鼎拥有多种植物，是广东省鸟白鹇和其他稀见种钩嘴鹛、噪鹛、画眉等众多鸟雀的栖息地。沟谷幽深，山径蜿蜒，漫山葱茏，溪流、小桥、枯藤、老树形成的自然风光，古寺、老庵、钓台、涅槃台积淀成的人文胜迹，融会成天人合一的灵境。目前已开辟了科普考察线，供游客作专门的选择。

鼎湖烟雨

岭南古刹

庆云耀五色，十方齐礼拜

在鼎湖的佛教史上，庆云寺的创建标志着西江的佛教与省内、国内的佛教界进入关系密切的阶段，这一发展势头的推动者是憨山和尚，契机是"庆云"的命名。

"庆云"：源自《卿云歌》

　　庆云寺所在地原来的土名叫"虎窝"，可以想象那是老虎的栖居之所。本地志书记载，在清代还曾经有老虎在夜间窜入庆城，老虎就是来自北岭的。鼎湖山虎窝的老虎必然也会四出逞凶，很可能到了明万历年间，虎踪就稀少了。万历二十八年（1600年）憨山在被遣雷州的途中，在白云寺逗留，并且捐银25两作白云寺的修建费。到万历三十九年（1611年）暮春，憨山获赦北归重经肇庆，白云寺住持金山和尚邀请他来此养病并驻锡一年。其间他在附近考察，发觉虎窝上挺立的峰峦有"莲花瓣瓣涌青冥"的形象和气势，作诗赞美，并指出此地适宜振兴佛法。此后山峰便称为"莲花峰"，峰麓的岩洞称为"庆云岩"。22年后的崇祯六年（1633年），鼎湖山下大蕉园村长老梁少川与佛教信士朱子仁等10多人选定莲花峰脚庆云岩下方结庵，仿效东晋高僧慧远和18高贤在庐山共结莲社，共修佛法，取名为"莲花庵"。第二年改名为"庆云庵"。崇祯九年（1636年）农历五月二十六日，庆云庵扩大规模，改庵为寺。据说在住持栖壑第一次登坛受戒的时候，有五色云出现在莲花峰顶，为"庆云岩"的命名作示现，于是把命名保持下来，称为"庆云寺"。

其实,"庆云"本是中国古老的名物,它又称为"卿云",还有多个别名。它指一种彩云,古人认为这是喜庆、吉祥的气象。《尚书大传·虞夏》所引的"卿云烂兮,纠缦缦兮,日月光华,旦复旦兮"就是虞舜作的《卿云歌》,也就是《庆云歌》。佛教庆云寺的取名实际上是佛教文化与中国传统文化汇通的结果,将中国古老的名物重新移用在佛寺的命意上,富有喜庆、吉祥、和乐的气息。

莲花瓣瓣涌青冥

庆云寺

名僧住持垂佛统

庆云寺的住持在初建时实行由全寺僧人及捐钱建寺的乡绅联合议定,礼请名僧担任。住持以代计,代代传承,第一至第六代是终身制,任职一般至圆寂。第七代至第二十三代任期是6年,第二十四代至七十七代任期是3年,第七十八代以后改为选举制,至今为八十三代。历代都有学问丰富、道行高深、业绩出色的住持,其中第一代栖壑、第二代在犙、第七代迹删最为突出。栖壑对佛教禅宗、净土宗、律宗的经论都精熟,是庆云寺的开山祖,当住持达23年,经他营建,庆云寺成为规模庞大、制度严整、信众分布广泛的名寺。并且建成"子孙丛林",将肇庆城内和近郊的峡山寺、白云寺、跃龙庵、梅庵等10座

35

大雄宝殿正面
岭南名刹

寺庵划入"子孙丛林"系列。著述也丰富，诗作出色。在犙原名朱子仁，新会人，20岁后有志于修习佛学，外出访问佛事，途经鼎湖山与梁少川结交，共建莲花庵。后来剃发受戒，继为第二代住持。他著书有20多种印行于世，当代研究者认定"粤僧著述之富，未有逾于在犙禅师者"。跡删原名方颛恺，是明代举人方国华的儿子，番禺县人，出家后曾参加秘密的反清活动。在庆云寺当住持6年，主修《鼎湖山庆云寺志》，著有《纪梦编年》、《庄子内篇注》和《咸陟堂诗文集》印行，又精书画，是岭南名家。

禅、净、律三宗齐修

庆云寺以禅宗作正宗，兼修净土宗和律宗，从始祖栖壑开始，历代住持多数归属禅宗南宗的曹洞宗下洞上正宗博山系，上溯首建白云寺和三十六招提的智常禅师更是亲得六祖惠能面授妙旨的"一方师"。

净土宗亦称"莲宗"，是专修往生阿弥陀净土即西方极乐世界的法门。律宗是研习、修持、传受戒律的宗派，讲求戒律精严。这种三宗齐修是庆云寺从开光以来一直传承的传统，参禅打坐，唱诵《佛说阿弥经》，劝戒发愿求生，持名主行，戒律规约齐备严整。

仪轨法式相庄严

庆云寺的初代祖栖壑、二代祖在犙是中国佛教史上著名的戒律厘定者，所订定的戒律详备规整，在《中国佛教史略·清代佛教》和《中国佛教仪轨制度·传戒》中，都介绍了两位在厘定戒律上的贡献。除了殿堂和佛像的设计、布局、建筑、装饰气象庄严之外，对传戒、节腊（月会）、僧约的规定也相当严整齐备。

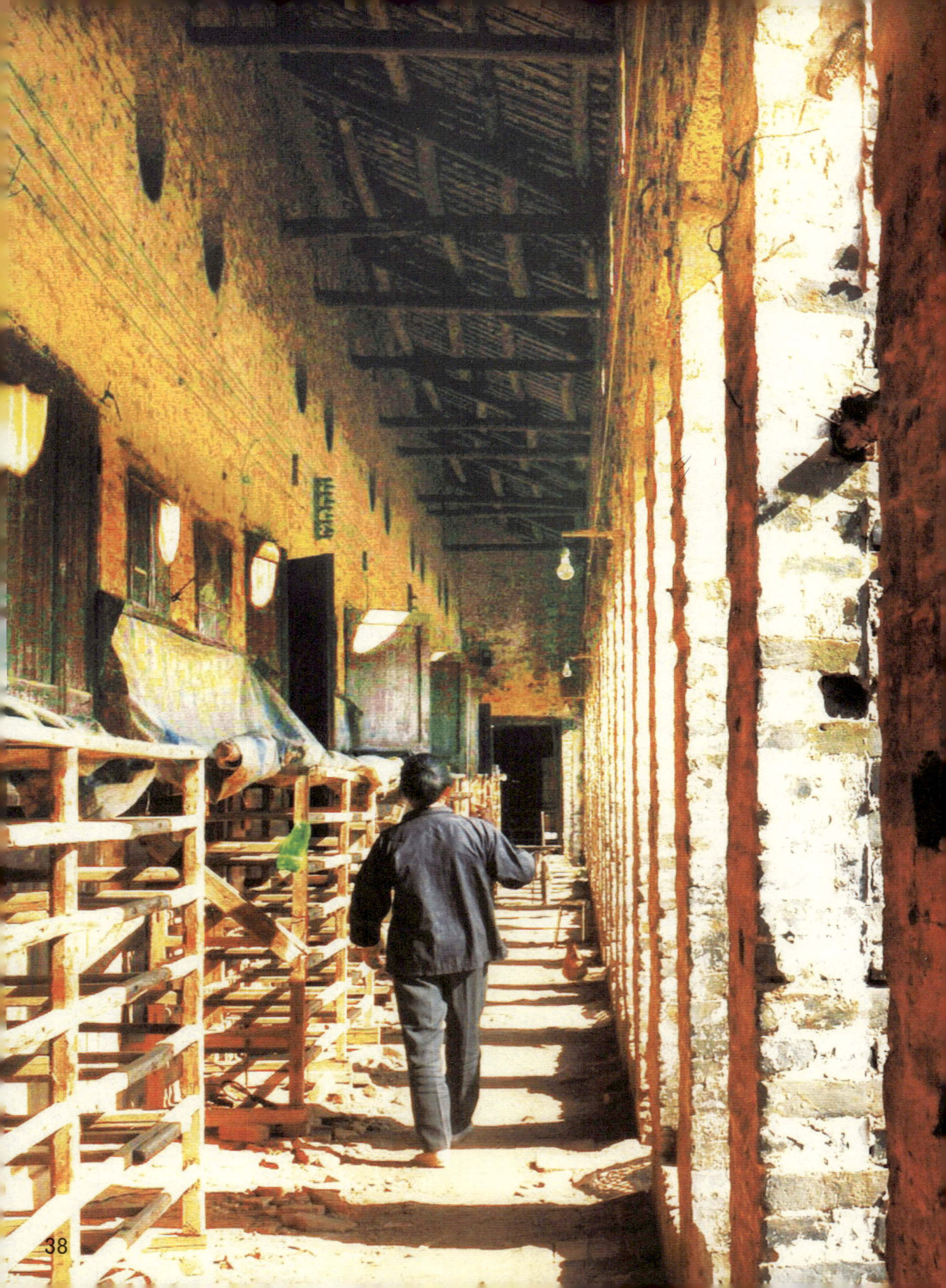

历代名流虔敬礼

庆云寺由于经名僧规划、营作，规模、气象不同于一般佛寺，所以开山不久，名声便已远播，四方的明朝遗官及失落文士均慕名前来，有"波委云臻"之势，第一、第二代住持栖壑和在犙应酬频繁。

清顺治二年（1645年），明惠王朱由梁转移来肇庆，遣使向栖壑致意，叙弟子礼，并赠送佛袈裟，请他到寓邸为母太妃受戒。栖壑接受了袈裟，为惠王母起了法名，但不到王府。南明永历三年即清顺治六年（1649年）夏，驻在肇庆行宫的南明永历帝朱由榔偕生母马太妃登上庆云寺，要求栖壑为其母说法，栖壑欣然允诺。永历帝的嫡母王氏是桂王朱常瀛的继室，先前已受洗加入天主教，之后又着桂王妃马氏即朱由榔生母及其妻王氏接受天主教司铎瞿纱微的洗礼。登上庆云寺的时候马氏已有天主教徒的身份，竟然敢于触犯天主教"禁拜偶像"的教规，很可能是对这一教规内心不服，处在半依半违之间，而对中国传统的、风行的烧香拜佛却热衷不懈。这一次礼佛，双方欢洽，永历帝还捐资开法会，庆云寺把"顶湖"也即"鼎湖"一名改为"天湖"，示意天子之湖，并以本寺为"行宫"。进入清朝后，一些怀念明朝的文士对永历朝廷与庆云寺这一交往津津乐道。曾任端溪书院掌教的大学者全祖望以"天湖"为题作诗多首，其中一首为《天湖之称不知所出，近从独漉诗方知以桂王得名》，诗道："当日小朝廷，湖中别署名。尚传亡国痛，敢为望蓝荣。浩劫幸垂尽，慈云庆永清。遗民诗史在，莫馨吁天情。"

清顺治十四年（1657年）冬，平南王尚可喜备足丰厚金银和礼物，派官乘王船来到鼎湖山，敦请栖壑前往王府供养，并请主持无遮法会，为他率大军攻占广州时屠城杀人以万计而做功德，超度亡灵。栖壑主持法会完毕，平南王赠其礼物，并将拥有的王座让其带回作为庆云寺的法座。靖南王耿继茂也请栖壑为其母太妃受戒，求授法名，荣宠十分。

鼎湖独特的盘香制作

同治、光绪年间，庆云寺达到全盛时期。光绪十九年（1893年）得浙江省宁波天童寺住持献纯邀约，庆云寺的三寮（云房、客堂、库房）大师和住持琼炤上北京请求发给《龙藏经》。适逢慈禧太后六十寿辰"万寿诞"，除发给《龙藏经》5048卷之外，慈禧太后还令翰林院书"敕赐万寿庆云寺"和"奉旨回山"、"圣旨钦赐龙藏经"、"万寿无疆"4个头牌，连同《龙藏经》、《释迦应化事迹全图》运回。

　　辛亥革命后，国内的军政要员、社会名流、文化名人，国外的政要、佛教人士相继到来访问、参观、礼拜。民国五年（1916年）国学大师章太炎到此游览，留下"尘界未除人自苦，江山无恙我重来"的题句，并留题"涤瑕荡垢"大字作飞水潭眠绿亭横额。民国十二年（1923年）7月孙中山先生从广州乘船到来，登岸游憩庵，在游览鼎湖山期间为庆云寺题书"众生平等，一切有情"条幅，并在飞水潭游泳，飞水潭边刻有宋庆龄题的"孙中山游泳处"铭记。

　　建国后政府保护和扶助庆云寺，多次拨款修筑道路，修葺殿堂，重塑佛像。1980年国务院宗教局批准庆云寺为全国重点开放寺庙之一，1983年被定为"142座重点寺庙"之一。对外交往持续进行，日本、斯里兰卡、缅甸、泰国、新加坡、马来西亚、德国、意大利、英国等国家的佛教代表团都先后到访。

佛光鼎湖

人文鼎湖

■ 链接

宝物宝相宝花树

宝物：存有舍利子4颗，其中红色、橘黄色各1颗，传为释迦牟尼舍利子。另有2颗白色，为本寺石箭和尚舍利子。玉杯1个，玉菩萨1尊，银鼎2个，旧经书几本。

文物：1.千人锅，清乾隆十一年（1746年）铸。2.大钟，重达1900余斤。3.清平南王所赐法座。4.清慈禧太后赠匾。5.其他，苏廷魁等名人题匾17幅，各种木、石、瓷刻制对联13副，残联木匾13块，袁枚诗碑、咏梅百首诗碑等碑刻23件。

花木：现存二代祖在糁和尚手植白茶树1株，树龄已有373年；清咸丰年间锡兰（今斯里兰卡）某将军委托香港总督的母亲带给庆云寺种植的菩提树2株，树龄160年；还有桄榔、木樨、梅、龙眼、荔枝、仁面等树多株。

佛教经籍

《章沙积经》5048卷。《僧约十章》、《法嗣世系表》、《职事榜》、《须弥山图》、《金刚经塔图》、《二十四诸天菩萨图》等等。

飞水潭

胜迹 鼎湖

鼎湖山位于地球的北回归线上,由于受海拔高度、地貌形态、地貌部位等因素的影响,形成了特殊的南亚热带季风常绿阔叶林赤红壤地带,峰峦叠翠,古木参天,云崖飞瀑,清溪长流,气息湿润,温度暖和,被外国专家称为『绿色宝库』,名胜古迹载誉中外。

胜迹鼎湖 SHENGJI DINGHU　人文鼎湖 REN WEN DING HU

层林尽染

层峦蓊郁鼎湖山

> 鼎湖山位于地球的北回归线上。北回归线附近的陆地，三分之二都覆盖着沙漠，包括撒哈拉大沙漠、伊朗沙漠、阿拉伯沙漠、巴基斯坦沙漠和墨西哥沙漠。但是中国、印度、中南半岛北部的沿线附近没有沙漠，其中鼎湖山及其附近地区不但没有沙漠，而且由于受海拔高度、地貌形态、地貌部位等因素的影响，形成了特殊的南亚热带季风常绿阔叶林赤红壤地带，峰峦叠翠，古木参天，云崖飞瀑，清溪长流，气息湿润，温度暖和，被外国专家称为"绿色宝库"，名胜古迹载誉中外。

"人与生物圈"定位站：国际性科学研究基地

1979年历经中国动物、植物、微生物、土壤、地理和气象等方面的专家，联合国教科文组织"人与生物圈"计划协调委员会的专家和其他国家、组织的专家、教授的考察与研究后，鼎湖山被纳入联合国教科文组织世界自然保护区网，并作为"人与生物圈"热带亚热带生态系统研究的一个定位站，也就是国际性科学研究基地。鼎湖山被设立为国内研究基地的时间更早，1956年已设立鼎湖山树木园，隶属中国科学院广州分院华南植物研究所，既是科研基地，又是考察、教学实习场所。

荣睿碑亭：唐代中日文化交流的见证

荣睿碑正面

荣睿碑亭建于1979年，位于补山亭和半山亭之间。外观仿照唐代佛教大师鉴真住持的扬州法净寺（今大明寺）的亭制建筑，亭顶两侧鸱尾对峙，直脊装饰兽面，四角飞檐龙首俨然，庄严肃穆，古朴素雅。亭内矗立着"日本入唐留学僧荣睿大师纪念碑"楷书两行，碑背刻《荣睿大师赞》，匾额书"荣睿碑亭"，都是中国佛教协会会长赵朴初所手书，《荣睿大师赞》也是他所作。纪念碑在1963年10月由鉴真逝世1200周年纪念委员会敬立。碑坐东偏北37°，正对荣睿故乡日本美浓。亭前左侧竖立着石刻《荣睿大事记》。

荣睿大师是中外文化交流史上不可不提的重要人物。荣睿原为日本奈良福兴寺的僧人，于开元二十一年（733年）与普照随日本遣唐使来中国，先后在洛阳和长安学习佛法。准备返回日本时，两位僧人到扬州法净寺邀请佛学精深的鉴真大师前往日本传法，特别是传授戒律。鉴真允诺。12年间，他们一起五渡日本都失败了。尤其艰险的是天宝七年（748年）第五次东渡，船队一出长江口，就遇到暴风，经过14昼夜，

为纪念荣睿大师促进两国文化交流而建的荣睿碑亭

流落到海南岛南端的振州（今三亚）。他们循路北上至桂州（今桂林），在那里受到都督的欢迎。一年后南海郡大都督、广州刺史卢奂发牒至各州，敦促各地主官务必迎接鉴真一行到广州来。于是鉴真一行折返梧州，沿西江下行。闻知西江畔的端州佛教事业兴盛，智常禅师倡建三十六招提，鉴真一行登岸观礼。期间皆大融洽，不料荣睿患病，终圆寂于龙兴寺，鉴真大师哀伤悲切，送丧尽礼。明代高僧憨山在《鼎湖白云寺二首》诗中有句悼念："海国千秋留胜迹，乾坤终古落尘埃。登临莫问飞仙事，一啸高空万睿哀。"最终，鉴真和随行的弟子于6年后的天宝十三年（754年）到达日本。对于促进鉴真东渡，荣睿大师功不可没。为了纪念荣睿大师，端州人为荣睿立碑，并加建碑亭。1988年春，日本唐招提寺住持森本长老一行到来晋谒，并为白云寺题书"山川异域，风月同天"作纪念。

■ 链接

气候宜人

《鼎湖山庆云寺志》概括此间气候："盛夏清凉，隆冬暄燠。""四时供养，不缺香花。十里溪山，总同云月。"

气温 年平均21℃。最热为7月28℃，最冷为1月12.5℃。属季风南亚热带温润型气候。

降水 降水量充沛，年平均降水量1927.3毫米。4~9月为主要雨季，8月最多，11月最少。

湿度 年平均相对湿度为80%，春季达85%。

植物繁多

共有野生植物260科、864属、1825种，栽培植物约有349种，合共近2300种。

植被布列包括亚热带自然植被类型和亚热带人工植被。最具天然特色的亚热带自然植被类型多，有季风常绿阔叶林、沟谷雨林、常绿阔叶林、针叶阔叶混交林、针叶林、河岸林、稀树灌丛、灌木草丛8类。

古建筑

寺庵 白云寺（鼎湖古寺）、跃龙庙、庆云寺、憩庵。

凉亭 有挹光亭、半山亭、忠烈亭、时若亭、观瀑亭、补山亭、是岸亭。

桥梁 有寒翠桥、香界桥、环翠桥。

天湖景色美不胜收

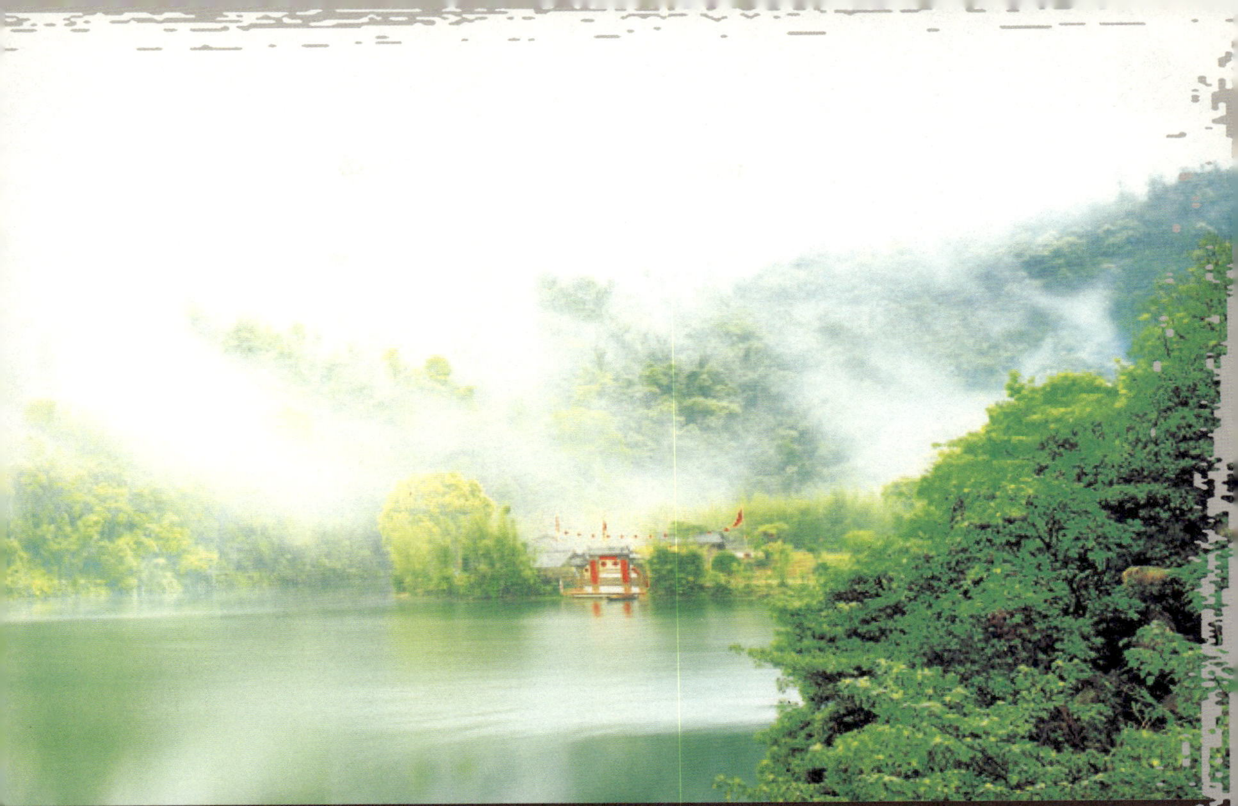
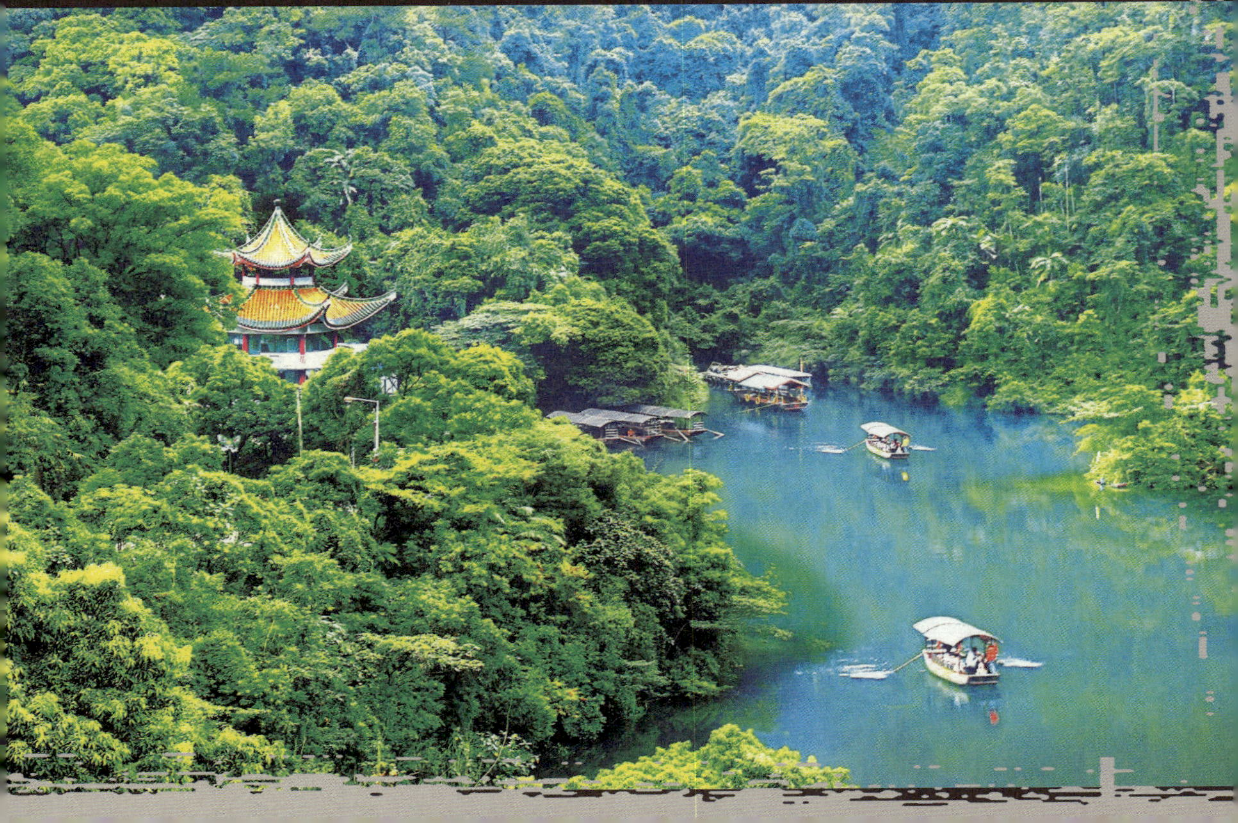

胜迹鼎湖　SHENGJI DINGHU　人文鼎湖　REN WEN DING HU

九坑凝碧九龙湖

在珠江三角洲西江北部最高峰、海拔1000.4米的鼎湖鸡笼山的北侧，展现着"一湖碧水，十里画廊，百鸟和鸣，千顷森林，万亩水面"的九龙湖景区。这里山与水交错，溪与河汇合，森林与平湖映衬，凤凰与瑞龙呼唤，人与自然亲和。"山光水焰百千层"，"细细风来细细香"。这里的幽谷溪源任深探，平湖碧湾恣荡漾；山蔬水鲜随客尝，负离子养生美容颜。

九支溪汇成九坑河

九龙湖的所在地就是九坑山。九坑山在425年前成书的明万历《肇庆府志·地理一》就加以记载："在水坑都,高五十余丈,周二十五里,出泉九脉,旧有茶园四十四所。""出泉九脉"是其地文的突出特征,也是其名副其实的命脉,阐述着生命的意义。

九坑山蜿蜒起伏,弯弯曲曲,迤逦伸展,衍生出九道坡、九条坑、九支溪,各有名称。九支溪泉涌汇流,合成九坑河。九坑河的水足以载舟,驶经长利涌,从而进入西江,转向上航下海。

九坑河水库"变身"九龙湖

从1958年开始,原高要县人民政府组织全县性的建河民工队,手锄肩挑,奋战3年,于1960年筑起拦河高坝,建成九坑河水库,投入输水灌溉。到1991年止,大坝经过8次加高加大加固施工,在33年内完成工程土方690万立方米,石方35万立方米,三合土1.3万立方米,大坝长310米,高38米,总库容量5014万立方米,平均水深12米,最深38米。水深鱼也肥美,鲤、鳙、鲩、鳝大至五六十斤,是珍稀鱼品。1995年开发成综合性自然生态型旅游区,改名为九龙湖。目前九龙湖旅游风景区拥有山林地7000亩,水体湾环伸展,"山、湖、溪、木、石、云"六大要素俱全,是集"奇、幽、野、趣"于一体的原生态山水风光。区内自然生态系统多样,有森林生态、湖泊生态、湿地生态、农业生态等系统,可以说是自然生态大观园,是集生态观光、旅游度假、休闲运动、拓展培训、康体养生、会议雅聚于一体的综合性生态旅游风景区。目前已开发出多条旅游线路,开设有餐饮、住宿、会议、训练等多种服务设施、设备。近年被评为"省级森林公园"、"省级森林生态旅游示范基地",其中几个地貌台、谷、坑的生态和山村人文风貌引人入胜。

胜迹鼎湖

黄金沟

凤凰台 凤凰台是名副其实的高出湖面的台地，而且与凤凰山照面，原有的凤凰墟故址也在附近，因而命名为凤凰台并非附庸风雅，而是有承传文化的取向。凤凰在中国神话传说中是神鸟，它通体都显现真、善、美，并无怪诞的说教。《韩诗外传·卷八》说它"小音金，大音鼓，延颈奋翼，五彩备明。举动八风，气应时雨，食有质，饮有仪。往则文始，来则嘉成。惟凤为能通天祉，应地灵"。根据本地传说，选择这样瑞应、祥和的灵鸟作命名，理应符合游客的心理，容易产生共鸣，像当年"诗仙"李白《登金陵凤凰台》诗说的"凤凰台上凤凰游"那样，登上观凤台，相信也会引起凤凰效应！

天神沟 天神沟是九坑中的一条坑。坑水在穿行中或盘曲迂回，或激乱石而进，或潜大石而下，或冲坡而奔泻，形成溪流冲刷而下的千姿百态。其中双叠瀑布据陡崖、挟盛流直泻，激起隆隆响声，如烟如雾，在阳光之下五彩斑斓，下方汇流之后形成冰泉泳场。水凉近冰，清澈见底，游泳其中，不同凡响的感受油然而生。天神沟周围的沟谷山涧，古树名木杂生，有桂、樟、梅、铁树，特别是黑色的桫椤丛郁郁葱葱，是上古孑遗植物、国家二级保护植物的原生态，机会难逢。

灵山药谷 各种中草药植物遍布沟谷山坡。置身其间，药香扑鼻，药气沁心，提神醒脑。肉桂，巴戟、佛手等传统南药，松香、薯莨等传统山货，向来是九坑山的名产。特别是九坑山茶园四十四所，从明迄清盛名不断。直到清道光、同治年间，肇庆城拔贡、著名文士黄登瀛还作《九坑山茶园四十四所歌》："吾端郡北九坑山，四十四园隐烟雾。""雨前雨后种茶树，山人爱听采茶词。传来娓娓老妪语，一瓯试罢聊解颐。"可见九坑山中草药、西江山货品质上乘。

客家生态自然村　春墙屋、围龙屋、客家话、客家山歌、客家婚俗，这一切都有着浓重的客家特色。九坑山原住居民吴、邹、温、杜、刁、冼、王、余、张、丁、黄、蔡、谢等姓人家，祖先都是从粤东客家方言区迁移来此定居的。繁衍到当代，他们不但能讲客家话，而且能讲流利的广州话、普通话，受过高等教育的年轻人甚至能讲流利的外语。他们热情好客，在农家菜馆、特色食馆，备有包括龙斑鱼在内的山坑鱼、山猪肉、咸菜炆鹅、山水豆腐、竹笋、山菜、野菜迎客。

九龙湖景区结合旅游，开展纤船竞渡、板鞋比拼、竹竿舞PK、泼水戏泉、踩钢索、攀瀑布、爬树梯、登树屋、走树桥等森林康体竞技活动；又在黄金沟开展野猪林野外探险、空中走钢丝、竹筏拉纤、空中飞索、天然滑道等活动。

慈云含笑葫芦山

　　葫芦山旅游风景区位于鼎湖区莲花镇北面，深藏在北岭山东脉的平谷内。东临四会鼎湖公路；南望321国道；西与九龙湖、鼎湖山接脉；北与四会贞山倚背，距四会城区仅6公里。西至肇庆市区37公里，东至广州64公里。区位适中，交通便利，是肇庆千里旅游走廊上星湖、鼎湖、九龙湖、葫芦山、贞山一段的重要景区之一。

　　区内分设园林景区、慈云寺、万佛楼、生态果园景点，依据并利用峰峦、山丘、树林、溪流、平野、岩石进行配置组合，加工整饰，凸显各种自然景观和人文创意，形成怡情养性、修行净身、清心康体的旅游区。园林景区又以清心园和吉庆园体现出精心的设计和建筑特色。

　　峰秀寺幽的葫芦山旅游风景区内"三区二园"（即佛教区、服务区、游憩区和清心园、吉庆园）都被树林蓊郁的高山四面环绕。平野上涧泉涓涓，山岚浮云掩映、雾霭飘动，庙宇楼台，小桥回廊，缥缈如仙境，令人难以忘怀。

美不胜收的葫芦山

清心园

　　湖边的别院是笔花堂。门、柱、檐一律朱红色，堂皇高敞，四面通透。堂外高廊回环，避免单调。据所在地莲花镇最大的村庄下莲塘的掌故说，他们村历来崇文兴学，科举功名可算代有其人。特别是明清时期，在葫芦山区就建有青莲庵和作人文社。青莲庵就是据"诗仙"李白号"青莲学士"而取名。青莲庵尽管为"庵"，但据清宣统《高要县志》在记载中作注，本地文士在此讲学。可以认为青莲庵连同作人文社都是文士讲学、雅集、交流的处所，他们当时都有"梦笔生花"的向往。笔花堂侧面转入，就是宝葫芦艺术长廊。长廊长达40米，是目前肇庆地区规模最大的长廊之一。以桂花园、桃花园、玉兰园、玫瑰园、竹园为主体景色，间以水、树、亭台、楼阁、假山、杨柳相点缀。长廊上有800件艺术精品，琳琅满目，供游客鉴赏品味。

慈云寺

吉庆园

　　进内首先见到的是葫芦轩，联语："兰惠叶生芳草地，葫芦中有小桃源。"隔湖相望的是藏宝楼。楼高两层，登高眺望，吉庆园全景尽收眼底。阁门联语："物如有用皆为宝，石不能言亦可人。"景区内精心布置由太湖石、英石结构而成的假山，石景、石像、石品，是无言之"语"，一登藏宝阁，全摄目中，任由收藏，大概就是联语深合的寓意。

慈云寺

　　1996年春重建，面积达3000平方米，有前殿、大雄宝殿、后殿和东西两厢。建筑按原貌设计，但吸收了北方佛寺的艺术风格。

　　前殿供奉弥勒佛，金光灿灿，坐态自然而开怀大笑。左右有两大金刚护持。大雄宝殿供奉三宝佛。佛身高5.2米，箔金涂身，栩栩如生。两侧为二十四诸天神，庄严肃穆。案台长达20米，精雕细刻着释迦牟尼学道、悟道、得道成佛的故事。第三进后殿是大慈大悲观音殿，供奉千手千眼观世音，神态慈祥。

羚峡纤痕诉行难

　　羚羊峡这个名称尽管已经古老，但在它之前还有一个更古老的名称叫"高要峡"，或简称"峡山"。而"高要"这个名称，文献还解说，因为峡山"高而险要"得名。可见"高而险要"是古代对羚羊峡带有标志性的认识。它的险要性在军事上容易理解，但在交通上，水路方面既无明显暗礁，也没有急流险滩、巨大落差，看不出有多大险情。陆路方面存在着确确实实的险要，存在着真真正正的行路难。特别是在没有机动船只之前，每年的洪水季节，船只在羚羊峡上行困难重重，满载大船，只靠划桨摇橹，根本无法前进，必须依靠船工在岸上拉纤，在流急之处，"六七水手力曳，俯地如犬"，全力拼搏，才能上行。在这种背景之下，为了使船只拉纤上行的纤夫有路可走，就有了开通峡路的迫切需要。

羚羊峡

胜迹鼎湖 SHENGJI DINGHU

人文鼎湖 REN WEN DING HU

羚峡之春

峡道古今

　　最早记载峡山开路、修路是在明代。明正统十三年（1448年），高要县知县陆驹在峡路上修桥梁。万历十年（1582年）凿石开路，命名为"峡山旱路"，28年后，水坑乡进士、南直隶镇江府同知退归的陈一龙为首措资、主持大修峡路，劈岩凿阻，筑桥13座，改善路况，竣工后手撰《羚峡路碑》立于路旁。以后屡坏屡修，较为大型的有清嘉庆二年（1797年）高要知县裴盛清大修全路，增筑桥至19座，有摩崖石刻"裴公十九桥"作见证。道光十九年（1839年），由绅士冯驯、举人梁以时等首倡、集资，于当年农历十一月兴工增修，全路工程面25000余丈，修旧桥19座，筑新桥5座、共24座。"倾者平之，缺者补之"，到第二年底竣工，实现"波涛不惊，舟楫称便"。竣工后随即竖立《增修羚羊峡桥路碑》。碑文由前任肇庆知府、现任惠州知府杨希铨撰，高要名士彭泰来撰额，林于章楷书。署名的有关官员有道员王云锦、肇庆知府苏登额、高要知县吕华宾、张大绪、陆孙鼎。绅士、襄事、监工有梁振鳌、唐廷旦、黄登瀛、周永镐等一二十人。出资具名的有佛山巨丰行、梧州有恒店，以及广州、佛山多家商号。

胜迹鼎湖　人文鼎湖

通过比较，这次增修路桥工程耗资4000多两，是一笔不菲的款项，比明万历年间崇禧塔工程费3000多两、仙花寺耗资600多两都多，规模是羚羊峡旱道历次工程最大的，特别是参与其事的有广州、佛山和梧州的商行，表明这一工程与他们的业务有关系，从而折射出西江水道的羚羊峡旱道在历史上的种种作用有待探究。

这条峡路在肇庆向东的现代公路还没开通之前，一直有行人使用。甚至到1958年还有峡下居民经此来往肇庆。

羚羊峡岸的摩崖石刻

纤痕

悬崖纤痕

　　2009年7月27日肇庆市文物普查队在羚羊峡北岸进行普查，在发现《增修羚羊峡桥路碑》之后，又发现崖壁上曳船长纤摩擦崖面而刻下的纤痕。纤痕分布在几处，每处按上下次序排列，从路面起计，多到15条。每条深10~15毫米，宽5毫米左右。最高的一条，下距路面有2米。纤痕线大致呈水平走向，不见呈斜线的。当时是7月下旬，江水略带黄浊，应是水盛时期，现场目测下距江面有四五十米。在这样的条件下，水手拉纤到底怎样操作？在崖岸转折之处，大水蓄势奔下，水手又怎样面对狂澜，力挽船只于既倒的？没有经历过这种场面的当代人，相信很难作出解释。在这里不妨引清同治八年（1869年）五月二十八日晨，当时任四会县知县的杜凤治上肇庆公干，乘船经后沥，所记下的入峡后水手背纤拉船上行的情况，以助了解：

予往来肇城，非一次矣，素不知险。兹过后沥，傍山而行。山皆巉岩可畏，山腰凿一羊肠小径以通行人，仅容一人高低曲行。水手负纤曳船上（此径无一人行，殆专为纤夫行也。若非纤舟，如何上？），每至山势转折，大石横亘，山足水蓄势，奔赴如潮，湾环下驶，声若雷鸣。至此六七水手力曳，俯地如犬，身不动势且随流下，纤篙并施，齐声施下，方得过之。如是者，计不下十余处。此时设纤缆或桅竿中折，将奈何！

这则简短的记述对了解古代逆水行船，对水手拉纤"俯地如犬"地用尽全身气力拼搏，"挽狂澜于既倒"的功夫，是宝贵的资料；对了解羚羊峡旱路的作用，对了解拉纤摩擦刻下的纤痕更有直接的诠释、解读作用。

江畔篙穴

在纤痕下方江畔靠岸的石碛、水中大石上，散见有不规则分布的篙穴，穴口圆形，单个直径约10厘米，深浅不一。从个别积水的穴口观察，幽深的样子，估计要以尺计。那是经历多长岁月才能刻下这样深沉的石穴啊！从上述与浪尖搏斗，必须纤篙并施，才能克难制胜，就可知篙穴与纤疤都是古代的西江水手们，在历史的长河中，以汗水与体耗为代价，刻下的功劳印记。经过他们的双手、双足、全身骨骼肌肉，爬悬崖，蹬嶙峋，竭尽全力挽狂澜，终于把一艘艘重载的船只拉出峡口，回归平顺的西江正道。历朝历代，究竟有多少纤篙并作的拼搏？有多少货船逆澜而上呢？这样的设问当然谁也无法回答。但所知至少从西汉以来，西江是岭南特别是珠江三角洲与大西南、湘楚交通的水上通行道，载运大西南和湘楚的特产、宝货船只顺流而下，以番禺为中心市场的海盐、海味和从海上丝绸之路运来输入的洋货逆流运上。特别是食盐一项，属于不可或缺的生活必需品。汉武帝实行盐铁专卖，在岭南南海郡的番禺和苍梧郡的高要分别设置盐官，实施海盐的生产、运销的统制，从那个时代开始，西江就是上运海盐的主干通道。明清时期盐务实行盐引制度，额定的盐引是大宗货品，分批发运须由大型船只运载，主干河道更是非西江莫属。明天顺年间（1457~1464年）提督军务、两广巡抚叶盛作有《肇庆府》诗："寒城十里夜云开，树有微霜岸有苔。远水回环通桂岭，好山飞舞近崧台。数声铜角盐船去，一点红旗哨马回。圣代只今多俊义，莫言老包不重来。"在夜色苍茫之中，这位提督、两广巡抚面对肇庆府城雄壮的形势，抒发情怀，自比当代的俊杰、重来此地的包公。诗中标举的"数声铜角盐船去，一点红旗哨马回"，体现肇庆经济重地、军政衙门的本色。"铜角"即铜质号角，用以传达号令，如同当代的汽笛、报警器。发出数声铜角号令之后，盐船随即驶离，可见盐船不止一艘，而是船队。明朝两广总督的衔号除了开列在朝本官之外，还标出"总督两广军务兼理粮饷带盐法巡抚广东地方"。两广总督衙门设在肇庆时内设盐务房，可以想象盐引或者其他运盐船队航经肇庆时，靠岸办理手续，办妥即吹响铜角，起锚开船前行。

曾任四川和云南布政使的周复俊曾来到肇庆观察，以《肇庆实善地》为题记述说："两广远恶"，"而肇庆实善地。军门驻扎，民物富饶。水路南通省城，北达西粤。商贾辐辏，百货灌输。"这些文字记录就是对羚羊峡纤痕、篙穴遗迹的佐证。

篙穴

胜迹鼎湖 | 人文鼎湖

山涌云溪，野连白水

> 在鼎湖区内，浩荡西江向东奔流，潺潺绥江日夜回环；南北两脉青山相对出，环内连畴广野展平川。年中雨量丰沛，江河湖泊四布，历史上是低塱区，水面湿地沟通连片，这是水乡、鱼米之乡，一贯与水关系密切，与水亲和，了解水，善用水。

降丰雨涵水源：产水之乡

西东走向的南北两列青山都是北回归线上及其附近的绿洲。森林植被覆盖，山峦沟谷错综，涌出云液，涵养水源，得以四时清溪淙淙，湖泊茫茫。鼎湖山、九坑山、葫芦山、桃溪坑、苏坑、典水坑都属秀山涌纯水。鼎湖山拥有天溪、云溪两系列水流，分别奔成飞水潭和水帘洞两处名瀑。九龙湖也有天神沟瀑布泉。都流淌出多姿多彩的水景与水趣。

特别是鼎湖山，自古以来自然环境一直受到严格的保护。山上名刹庆云寺的历代僧人持续植树造林，精心保护，订

64

人文鼎湖
REN WEN DING HU

鹭翔天湖旅游度假村

约进行森林栽培和管理,庆云寺开山立有二代住持的"在犙和尚禁伐树木碑"。从此,为了在寺庙附近"翳之以桧竹,蒔之以卉药",寺僧付出了艰辛的劳动,鼎湖山的林木资源也因寺僧而受到保护。

目前,鼎湖山有分布在寺庙周围的数千亩自然林,郁闭成荫,群落结构十分复杂,属南亚热带常绿季雨林型植被。上层乔木为常绿树种,高达20~30米,如观光木、锥栗、荷木、黄桐、格木、凸脉榕、荔枝和人面子等,树干直立,冠幅较大。林下小乔木、灌木层层覆盖,还有纵横交错于林冠之上的木质藤本植物,构成具有特色的植物景观。国家在此设有自然保护区,并加入了联合国教科文组织的世界自然保护区网,华南植物研究所在此设置鼎湖山树木园,承担科研课题,保护林木,因而今天的鼎湖山区历经朝代变迁而未遭破坏,成为一座保存完好的最接近城市的原始森林。

产水之乡

行云流水

全国闻名的"天然氧吧"

　　充沛的雨量和多种多样的降水形式，气旋雨、对流雨、台风雨及地形雨无一不具备，使鼎湖山脉的溪水四季不断，水潭瀑布随时可见。其水自天而来，晶莹剔透，清可见底，纯洁无染，造就了鼎湖山内水系的天然地表水。充沛的降雨透过茂密的森林林冠、厚厚的凋落物和密密麻麻的植被根系层，以及优良的森林土壤层，令山泉水可以经过层层天然过滤。这里空气负离子浓度每立方厘米高达105600个，是目前国内测定的最高值。"到此已无尘半点，上来更有碧千寻。"这座全国空气最新鲜的"天然氧吧"，拥有干净水体及大面积天然无菌山林环境，令山泉水的口感更加甘洌。

胜迹鼎湖 人文鼎湖

飞水潭——孙中山先生曾在此游泳

黄金沟的潺潺溪水

飞流而下的山泉

天然过滤造就一类水质

庞大的水系和自然条件造就了茂密的森林，森林庞大的根系又对这些山泉水进行了千百遍的"天然过滤"，鼎湖自涌汇集而成的山泉水自然有着独有的特质，水中有益成分非常均衡，含有丰富的矿物质以及人体必需的多种微量元素。低钠、低矿化度等26项指标均符合国家地面一类水质标准。鼎湖十多家饮用水企业依据中华人民共和国《瓶装饮用纯净水》国家标准和广东省《瓶装饮用天然净水》地方标准致力于为消费者生产优质饮用水。目前已建设成占地上千亩、建筑面积达10万平方米的全国最大的天然山泉水生产基地，其中，鼎湖山泉的产销量十年来均居广东省同类产品的第一位。

人文鼎湖
REN WEN DING HU

砚洲岛上的田园风光

71

胜迹鼎湖 | 人文鼎湖

俯瞰砚洲岛

包公清风秀砚洲

芳洲：物华文华

西江下游最大的江心洲是砚洲，明万历《肇庆府志·地理》称之为中心洲，本地原称"东洲"，因为包拯知端州"不持一砚归"，砚被抛掷入西江，传说就变成了砚洲岛，可见它的得名不但富有传奇色彩，而且寄托着人们对政治清正廉明的向往。砚洲在羚羊峡东口外仅5公里，轴长4100米，最大宽度1350米，面积有6.8平方公里，海拔标高10～11米。洲上地面平坦，土壤肥沃，土质松软。普遍适合农作物生长，不论水稻、花生、豆类、叶菜、块茎蔬菜、甘蔗、桑树、水果、花卉，一经栽培，都生势茂盛，品质优良。砚洲梨、砚洲粉葛、砚洲大头菜、砚洲蔗，长期以来都是脍炙人口的食品。在农业社会时代，花果飘香，古树垂荫。里巷静谧，环境可人，是闻名的理想家园。如果类似《楚辞》中湘楚水乡盛长兰蕙之类香草的洲渚称为"芳洲"，那砚洲称为"西江上的芳洲"大概不会错。

在砚洲最直观、最强烈的印象无疑是村秀物华，环境得天独厚。但是出于斯经营于斯的砚洲男女也塑造人文要素，崇文重教，学风蔚起。从元至正十八年（1358年）建村以来已涌现进士1人（陈焕章），举人、贡生、生员、监生等科举名号百十人。历代洲上学塾、学馆、学校常设，规模较大，培养学生成长显著的就有砚洲书院、颍川两等小学堂。清代嘉庆道光以后，学风最盛。当时洲上的罗瑗、傅理光等文士常与对岸龙头乡饱学之士彭泰来在洲上及附近的名胜雅集，赋诗论文。罗瑗善嗜端砚的收藏、鉴赏，所居号"傍花随柳楼"，藏砚处称"子石居"。

上图：砚洲中西合璧古建筑
下图：砚洲古村道

砚乡珍品收藏处：子石居

砚洲靠近端溪砚石宝地，历史上也真正涌现出有慧眼鉴识端砚珍品，并且加以珍藏的卓识人士。清代的罗瑗兴趣浓烈，特别是"辨之具其识，致之有其力"，因而所收藏的都是"方圭圆璧，错列几席，皆大而洞之良也"的精品。在一次砚坑聚会中，罗瑗从箧中拿出两件绝品端砚在江水清洗，竟然"紫翠欲流，'艳'若晴霞舒春放远空；'蔚'若秋水涵天，碧海生其茸；'灼'若美人之颜，神光离合而秀可餐；'腻'若婴儿之肌，非乳非脂，欲抚而然"。这是彭泰来以一连串的比喻来形容端砚的艳、蔚、灼、腻，特别是"腻"是端州乡中罕见的端砚极品的记载，理应作为砚洲的记忆，也是鼎湖关于端砚的史实。

砚洲在文化教育上值得一提的还有晚清举办的学堂。到了清末，朝廷实行新政，颁布《癸卯学制》，废除科举，举办学堂，以当年在光绪二十九年（1903年）新中举人的陈焕章为首倡办颖川两等小学堂，得到知县批准，除了招收南边陈的陈姓子弟入学之外，洲内甚至洲外其他学生都可入读，而且还可寄宿用膳，礼聘资质高的老师任教。这是当时肇庆府最早兴办的近代学校，富有首创性。陈焕章外出求学期间，校政操办由陈焕章之母李蓬仙担当，到辛亥革命成功时已有5届高小班毕业。

村民祭拜包公

想河清一笑：包公楼

　　包公楼占地面积近十亩，其中主楼建筑、浩然亭、南北厢廊、龙井、聚宝塔、五义桥、孝肃牌坊、招待所、餐厅、码头城楼建筑面积达5000多平方米，还有占地近1亩多的放生池。放生池内种着莲花，游客在放生池内放了不少鱼和青蛙，池中有一小岛，大概是让青蛙登陆，实现两栖，算是人性化设施吧。包公楼建成于清道光十四年（1834年），命名为包公祠。清同治七年（1868年）拆危改成两层，易名为包公楼。道光十四年初建时民众争相出力，洲上来往两广的米船鼎力支持，从广西免费运来木料和其他材料，用11个多月完成建筑。历代多有名人雅士寻胜登楼，挥毫赋咏。

　　包公楼风景优美，巍峨壮观。大殿肃穆威严，包公圣像令人起敬。每踏入一步，都会有"步入包公楼，情牵包青天"之感。

砚洲包公楼

第一进为孝肃牌坊,牌坊前面是放生池。

第二进为大门口,横额有"包公楼"三个苍劲有力的大字。大门口前柱两侧为清著名学者彭泰来撰联,当代广东省书法家协会副主席卢有光书:

　　寨谁留此中洲看峡外孤帆千春人远,
　　羌美人兮兹土想河清一笑百尺流寒。

大门口右侧为土地福德正神,也有一联:

　　莨莠岂容生此土,
　　苞苴何敢进其门。

第二进内柱有联:

　　风雪激浪阻行旌掷砚涌灵洲刚正清廉天亦助,
　　江水澄波环胜迹建祠崇令德馨香俎豆史长留。

楼内还有其他题诗、题词、对联,琳琅满目。

包公楼浩然亭

文华 鼎湖

鼎湖区一直有着崇文兴教的传统。区内书院、学馆、学塾遍布，不少志存高远的学子还到广州、肇庆读名馆、拜名师。这一传统维系着浓重的求学向上的风气，致使鼎湖地区历朝历代涌现了许多人才。

科举佳绩归文教

科举：得功名者，不胜枚举

从宋起计，历代科举中进士20人、举人83人，其中文举人75人，武举人8人，此外还有贡生几百人，生员、监生和因捐纳、赐赠而得的功名总数更多。其中进士而得选入翰林院的有4人，得派为主事、中书的约10人，官至总督、布政使的各1人，道员、知府、教授、总兵、副将等10多人。当时人口才三五万，面积才600平方公里，这样一个小区域，这个科举记录实在是可观的佳绩。废科举，兴学校以后，教育更以现代的学制发展，涌现的高等教育人才更以百计。其中有得风气之先，从京津的北洋大学、税务学堂、商业学堂，广州的法政学堂、存古学堂、优级师范以及医学、军事、警监、外语等等专门学堂毕业，成为国内早期的科学技术和社会经济的专业人才。特别是有多位胸怀壮志，远赴欧美留学，至辛亥革命前，已有6人学成回国，其中获得博士学位的1人，硕士学位的2人，学士学位的3人。当中陈焕章是进士中的美国名校博士。陈汝湘是美国耶鲁大学铁道工程硕士，回国参加归国留学生考试，居439人中第37名，成绩优异，获授进士名号，曾在当时的铁路兴建热潮中参与技术攻关。苏曾贻是举人，又是法国巴黎大学经济学硕士。

著述：可圈可点，硕果累累

鼎湖区历代人才辈出，流传下许多可圈可点的著述。其中清代的著述中有的被收入丛书，有的被广东省立中山图书馆和其他图书馆收藏。康熙年间贡生苏天木穷毕生之力著成的《潜虚述义》，是研究《周易》的专著，是承接宋代司马光的《潜虚》而作的研究成果，被十三行富商又是著名藏书家、出版家的伍崇曜看中，作跋而收入所编的全国著名的《岭南遗书》之中，保存至今。彭铬、彭泰来父子的《诗义堂集》、《诗义堂后集》、《昨梦斋文集》、《天问阁外集》，苏廷魁的《守柔斋诗钞》、《行河集》等被载入《清艺文志补》、《清人诗集叙录》等书。民国时期吴大任译述的《布氏高等代数引论》，由商务印书馆出版，被定作大学教材。吴大猷著的《多原子之结构及其振动光谱》（英文）获中央研究院丁文江奖。

崇文兴教的传统与求学创获的风气

科场连捷、留学成功与著述硕果累累，与鼎湖区域崇文兴教的传统有着直接关系。区内在宋代已涌现了多名进士；在科举不兴的元代也有乡贡2名；到大兴科举的明代，重新有文士中进士；进入清朝，科举的规模更日益增大。这一传统维系着浓重的求学向上的风气。区内书院、学馆、学塾遍布，不少志存高远的学子还到广州、肇庆读名馆、拜名师。本地还分布有私人的书斋、藏书楼阁；公共的文社、文会，进行学术交流，举行雅集论文。曾经流行一句谚语："黄任圣，文章秤。"举人黄任圣居乡期间不避批评，敢于评议本地涌现的文章、作品，受到尊重。彭泰来论功名只不过是拔贡，但识见卓异，学术和创作杰出，为人正直，受到乡民尊敬，被称为"春洲先生"。历史传统与社会风气相辅相成，构建了鼎湖区域几百年的文化高涨时期。

文昌武雄涌英杰

热心公益陈一龙

陈一龙，是明嘉靖四十四年（1565年）的进士，任浙江金华府推官，为官清廉。其事母至孝，授金华府推官时，接其母至任所，晨昏定省，孝思纯笃。性刚直，于上不阿，于下无欺，嗣因与权贵道义不合，遭谗由袁州转镇江，复被罢职，愤欲寄居洪都（今江西南昌）。适因染病，其母谕令速还故里，毋得流落他乡，遂促回水坑。

陈一龙与海瑞同时，海瑞罢官后六年，陈一龙罢官归里。参与编修《肇庆府志》，万历二十二年（1594年），资政大夫、总督两广军务兼理粮饷兵部左侍郎、都察院右副都御史戴曜因仰慕一龙声望，下车日即访一龙，知陈一龙足不履官署，日惟与子侄讲道论德，孝友循循，深敬其为人，差员迎进院，身重不起，复数使币聘，乃就道。戴曜有讼狱难理，必商之于陈一龙。一龙本身生活十分俭朴，却热心于公益事业，如兴修水利，修桥开路等。水坑一大框塘，中有土墩，露出水面，居民称"浮水蟛蜞"（蜘蛛）。因四面环水，过往不便，陈一龙为便利交通独出巨资，在水坑一村边用两条宽约60厘米见方、长约10米的巨石，跨过小坑建石桥，直达土墩，称"双箭桥"。为方便群众饮水，在现水坑二村小学旁边挖一井，又在现水坑一村食品站旁挖一

陈一龙（1528~1614年）字见甫，号雨寰，别号湖洋逸叟，明嘉靖七年（1528年）出生于高要县水坑（今鼎湖区水坑一村）。嘉靖四十四年（1565年）进士，隆庆二年（1568年）授浙江金华府推官，升镇江府同知，晋阶朝列大夫。隆庆二年敕授文林郎，诏书说："司一郡之鞠谳，俾上无挠法，下无冤民，厥亦良已。"由此可见其为官清正廉明。

陈一龙在故乡亲手开的水井

井，至今两井仍在，井为附近居民所乐用，迄今已数百年，颇有历史价值。

过去水坑河水，从北向南，经水坑居民稠密区直线流出，遇山洪暴发，常遭水患。陈一龙将水改道，雇工从九坑河口沿山边挖一条圳，直通长利（名长利涌）。自此便利运输，减少水患。长利苏家祠堂对面，有一水窦。陈一龙认为该窦在此不适宜，遂将水窦迁到广利（即现广利市场处），让水直接流入西江。以前陈塘围、鸭塘围分开两段，陈一龙将其连为一条，称"陈鸭塘围"，以利防洪。另水坑一村村头莲花山最后一带及马家塱属低洼地区，遇暴雨常遭水淹，陈一龙修建大有窦，使水汇流入西江，消弭水患。

羚羊峡中间两侧通道久废，陈一龙决心开辟峡路，使峡下各村民和来往行人有路可行，方便往来肇庆各地。有畏难而劝止者，陈一龙笑说："至诚能开金石，心坚石自穿，所患诚未至而心不坚，岂有难为之事哉！"于是决意兴办，经艰苦奋斗，终于建成峡道，所需经费无须别人赞助。又设义渡横过西江，行旅称便。陈一龙为乡中百姓办了很多实事和好事，群众十分尊敬他、称颂他，他亦自得其乐。明万历四十二年（1614年）陈一龙辞世，终年86岁。他死后，当地百姓和官员联名向清廷启奏请命，清廷敕赐乡贤匾，将其木主灵牌奉祀于肇庆文庙乡贤祠，葬于九坑峡下山。

水坑村的陈氏祠堂

科场耄耋谢启祚

谢启祚（1713~1817年）字福存，号寿龄，出生于鼎湖区桂城水坑村，因耄耋皓首仍在科场赶考而全国闻名。

谢氏家境贫寒，但勤学不辍，热衷于读书、追求功名，持续不断地参加科举考试，但屡屡受挫。按照惯例，他早就可以邀领朝廷对年老未第之人的特别恩赐。主考大吏每次都将他的名字列入邀恩名册中，但他都坚决予以拒绝，并说："科名自有定额分配，我虽人老但尚未垂朽，怎么见得我这一生就不能为老年儒生扬眉吐气呢？"因此，又于70多岁时参加丙午（乾隆五十一年，1786年）乡试，结果，终于考中了。谢氏喜不自禁，因此作《老女出嫁》诗云："行年九十八，出嫁弗胜羞。照镜花生面，光梳雪满头。自知真处子，人号老风流。寄语青春女，休夸早好逑。"当时，同榜中举者中有一12岁童子，因此主持考试的巡抚作鹿鸣宴（乡试发榜次日所设宴会，考官与新科举人都要参加，歌《鹿鸣》诗，跳"魁星舞"），其中有云"老人南极天边见，童子春风座上来"。这两句诗很快传开，成为一时的佳话。

第二年，谢启祚又参加会试（由礼部主持的全国性的考试），他受特别恩典被授予国子司业衔。过了3年，谢氏进京参加祝贺乾隆皇帝的八十大寿，又蒙恩晋升为鸿胪寺卿衔。临行前，乾隆帝特赐诗以示荣宠。乾隆皇帝还御赐他一副对联，联曰：

> 百岁登科古无今有，
> 一经裕后人瑞国华。

这里的"裕后"，是说为后人造福，这个谢启祚真是老寿星，宝刀未老，时值高龄还被乾隆皇帝视为人瑞国宝，虽未见他有什么名作传世，却堪称西江老寿星中佼佼者。

谢受此殊恩，衣锦荣归，把乾隆皇帝题赐的"福"字匾，悬挂于水坑村祠堂内，将"恩迎"两个大字和"升平瑞应"镶嵌于"御书坊"。自始，给水坑村增添了极大的光彩。

后来又过了20多年，他才去世，享年近105岁。他中举时年事之高以及其寿命之长都是清代十分罕见的，广为《两般秋雨庵随笔》、《郎潜纪闻》、《清代科举考试实录及有关著作》等书记述。

有人看见过他参加科举考试的硃卷履历，发现他先后娶过3位妻子2位妾，育有13个儿子、12个女儿，29个孙子、38个曾孙、2个玄孙。可见，他不仅是登科之人中罕见的高龄者，而且家门兴盛，妻妾成群，子孙众多，难有与之匹敌者。

清誉远播彭泰来

在肇庆，在鼎湖区，在高要，稍微留意本地历史人物的乡土热心人，大都会听说过彭泰来其人。

与孔子、乾隆帝同日生

彭泰来（1790~1867年），字子大，号春洲，自幼聪慧。他于清乾隆五十五年（1790年）八月二十七日生于英德县城。八月二十七日是孔子的生日，在孔子被当作圣人的时代，这一天是圣诞。凑巧的是，乾隆帝也生于这一天。彭泰来的《自题风雪卷怀》诗说："记得臣生天下庆，乾隆五十五年秋。"这样的巧合，或许给彭泰来带来了吉兆。

早慧但乡试受重挫

当时他父亲彭辂任英德县教谕。三虚岁时的一天，家人抱他到父亲的书斋，他看见摆有当地著名石品英石，便索取。大家说："你能诵出诗句就给你。"他立即背诵："求之不得。"同月，学署被水淹，看见水退，他又朗诵："土反其宅，水归其壑。"这两句原是《礼记·郊特牲》蜡祭的祝辞句子，按当时学塾的一般进度，中年级以上才讲读，不是低年级的《三字经》、《千字文》、《幼学诗》所可比拟的。嘉庆九年（1804年），15岁的彭泰来参加文童考试，一举

彭泰来（1790~1867年）字子大，号春洲，自幼聪慧。他于清乾隆五十五年（1790年）八月二十七日生于英德县城。

彭泰来画像

列于肇庆府学的"案首",也就是榜上第一,成为府学生员,被称为秀才。但是往后在正式的科举考试征途上,彭泰来不再顺利,还几经挫折,致使他心灰意冷,最后退出科场,积下对科举制度的深深不满,一再拒绝官府给予的荣誉性名号和礼遇。

坦陈科举流弊

清道光年间,李棠阶任广东学政。他了解到彭泰来科举失意,弃绝功名和仕宦已经二十多年,而行年五十过外,"而日抱优生之嗟",便在离任前夕的道光二十三年(1843年)底,专程来到广利龙头村,登门拜访,馈赠慰问。其后,他又致信高要知县瑞宝,叮嘱日后给予照顾。彭泰来为了表示谢意,写了一篇复信,就李棠阶和其他官员对自己的关心、功名和出路问题,"冒嫌奏记左右",表达了自己的见解。

这篇复信首先从制度上指出科举以时文取士与朝廷用人的本意相违背,对科举制度在选拔人才中的严重弊端予以深刻批判。同时,这篇复信又批评了科举考试的出题范围、内容与朝廷对人才使用的要求不一致,造成应考者只知"圣贤之言"而不能应付世事的弊端。参加科举考试者只知背诵"语录",以之作过关的敲门砖,也就是谋求利禄的表面文章,却与社会实际无直接关联,从而造成"工时文者未必无学,而所验则时文之学"的尴尬局面。还特别指出,由于科举考试结果关系到应考者的命运,所以士子们往往费尽心机、挖空心思以求榜上有名,因而引致舞弊犯规,严禁而不绝。尽管"乡会大比,禁防百端,如鞠大狱,如治军旅",但"卷中之圣贤,即胸中之宫室、妻妾,非搜牢逻察所能禁,糊名易书所能防也"。

在科举制度还被社会上一般人认为是盛世崇文兴学大制的时代,彭泰来敢于向直接掌握科举事务的高官直面指陈其流弊,展示了历代士大夫所推崇的那种凛然正气。

文学成就出色

与科举事业不顺相比,彭泰来的学术研究和文学创作则是顺畅的,成果丰富,成就出色。他勤于治学,著述繁富,结集刻有《诗义堂后集》、《昨梦斋文集》、《天问阁外集》、《高要金石略》、《读史雏笔》等;另外曾编有《端人集》。其中《诗义堂后集》是诗集,《昨梦斋文集》和《天问阁外集》是散文集,《高要金石略》收录当时高要县境内的、明代以前的金石文字并加以考订,这些著述展现了彭泰来出色的文学和学术才能,其中尤以诗歌和散文两方面的成就令人称道。

诗歌:"炼钢熔精自铸"

清代咸丰年间进士,同治年间主讲端溪书院,一生著述丰富的李光廷曾撰文附录于《诗义堂后集·诗谱》,高度赞美彭泰来的诗歌,他说:"盖出入于少陵、昌黎、香山、长吉、东坡、遗山、梅村诸家,炼钢熔精自铸,一子樵夫,以后恐无旗鼓矣。"

在他所留下的诗歌中,直面社会现实、揭露世道不公、讥讽官吏摆弄威福、感叹动乱灾害的诗,占有相当的比例,有着厚重的文学和历史价值,一直受到省内甚至国内学术界的重视。道光年间西江洪水频繁,彭泰来身陷决堤淹村的泽国之中,苦楚深重,连歌沉吟,作诗数十首,反映水灾程度之深广、过程之具体细致,在本地的文人中尚无人超越。诗歌题材丰富多彩,对时令、节气、气候、人情、世态、习俗等的吟咏不少,对花草、瓜菜、树木及种植、园艺等的吟咏也有百十首。此外还有对书法作品、画幅画卷、古董器物、金石文字的题咏,内容也往往别开生面。

散文:简练雅洁,"为时而著"

彭泰来的《昨梦斋文集》四卷,收录文章71篇,加上本地现存的石刻文章和书序共近80篇。数量不算很多,但已包括通用的文体,涵盖了散文领域的大部分,因而可以把这一文集作为体现彭泰来文学成就的重要方面。

其中的6篇记,有4篇是记述洪水灾难和灾后复堤的,以《葵廊日记》

的内容最为丰富，记事、抒情最深刻、最动人。事情发生在道光二十四年（1844年）夏季，特大洪水暴涨，堤围崩溃，四乡顿成泽国，灾难惨重。作者从四月十六日洪水初起开始逐日作记，历55日。在此期间，作者曾结伴乘小船泛行几天，行遍几个堤围区，从目击、耳闻等多个渠道收集信息，加以或详或略的记述，从而实地、实时地记录了水情、灾情、社情、人情以及市场、物价、治安等方方面面的动态。这样一篇近5000字的记述文字，是富有价值的历史文献，在水灾史、水利史、气候史和地方史研究中具有一定的参考价值。

另一方面，传记和记述个人身世、事迹的碑碣、碑志、铭表等体裁的文章有33篇，占总数的近一半。所记除了高要籍的以外，还有新会、恩平、南海、新兴、西宁（今郁南县）及广西梧州的，甚至籍贯不明的。当中大多数是中下级官吏、中下层功名人物、节妇、孝子或其他有绝技异行的人物。文中对他们不平凡的事迹、不幸的身世、不平的遭遇，或表示赞颂，或给予深切的同情，娓娓道来，感人至深。

其他的序跋、书信、论说，也有着不同的特色和价值，都具有白居易标举的"文章合为时而著"的目的性、时效性，都有着简练雅洁的特色和耐人寻味的可读性。

书、画、印俱擅

彭泰来多才多艺，不仅学问深厚，而且在书法、绘画、印章等方面也有较高造诣，作品广为流传。

彭泰来擅长书法，其书迹已入载于通行的全国历代书法家名录。他熟练地悬腕写字，工多种书体，楷、篆、隶、八分、草都纯熟，而且篆、隶、草书在一定程度上也独具个人特色。他的书法作品有条幅、横幅、诗幅、扇面等等，手迹分布更广的是为书院、寺院、祠堂、庙宇、墓地题书的门额、楹联、碑记、墓志。这些作品和手迹至今仍有保存。其故居保存的自作诗的书幅，行草洒脱秀逸，令观者驻足，凝神细品。

彭泰来"操行修洁"牌匾

彭泰来自书、自刻印章，作品量多艺精，风格鲜明。曾编有《天问阁印谱》，印章刻文众体俱备。他的故居就保存有各种各样的印章作品，章体有大有小，刻式有阴有阳，字体有篆有隶及其变体。

关于彭泰来的绘画创作之事见载于他的《诗义堂后集》卷三，有《戏画〈九九消寒图〉送别二首》诗。《诗谱》又提到陈旦作有《题春洲先生〈梅花人月图〉》诗。可见他有绘画作品面世。

金石：开肇庆考据之先河

彭泰来生于清代汉学兴盛之际，乾嘉考据学如日中天之时，受"辞章，义理，考据"并重的影响，他在从事文学和艺术创作的同时，也开展学术研究，着重在考据上发力，进行考证、考订，对史实加以发幽索隐。所撰的《高要金石略》按照传统的金石学体例，收录了高要县境内元代以前的金石文字，尽管收录不够齐备，但主要的部分都已囊括其中，并对之进行了适当的考证、辨析、阐释。道光四年（1824年）秋根据报信，亲自来到河台罗建村东晋和南朝宋墓现场，实地进行勘察、测量、访问、记录，这在肇庆的地方史上尚属首例。

清誉不胫而走

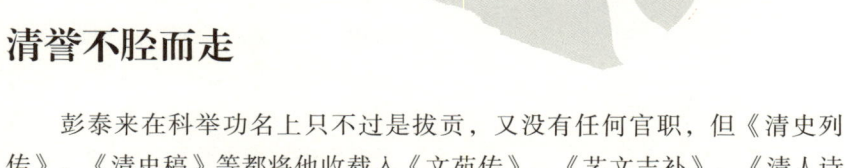

  彭泰来在科举功名上只不过是拔贡，又没有任何官职，但《清史列传》、《清史稿》等都将他收载入《文苑传》、《艺文志补》、《清人诗集叙录》等之中，这表明清代官方和当时学术界对他的历史地位的肯定。

  他在世时因"文行卓异"，除了受到总督、布政使、学政等大员赏识厚待之外，还博得同时代的文人、雅士的推尊。除高要本地人之外，与彭泰来交往的文人雅士还有广州、珠三角其他地区、广西梧州的。他们常常馈赠特产、信物，或者作诗撰文致意，或者向彭泰来咨询、求答、评论作品。广东省立中山图书馆地方文献室藏有《倚树楼诗会卷》一书，封面印明"彭春洲先生鉴定"。表明这些诗作是诗会成员所作，诗稿由彭泰来评定后结集刊印的。这更进一步表明彭泰来在当时的文坛上享有很高的声望。因而有人临终前把遗愿交给彭泰来完成，上述的碑、碣、表或墓志铭、行状中就有一些是请彭泰来撰写的，目的就在于获得所谓恰当的盖棺论定。

  至于本乡的民众，对彭泰来更有好感，普遍称他为"春洲先生"，常常馈赠鱼、肉、酒、菜等物品，帮其做工、办事。彭泰来去世之后，一些文人、雅士继续以不同的方式表达对他的敬意。他的集子都是他人出资刊印的，在当时的政界、学术界中的影响力可见一斑。

勤政廉明苏廷魁

世代书香

苏廷魁（1800～1878年），字德辅，号赓堂。出生于长利村青云坊一个书香世家。父亲苏灿举生于清乾隆三十八年（1773年），终年72岁。苏廷魁幼时生性聪颖，刻苦攻读，嘉庆二十二年（1817年）补府学生，道光元年（1821年）举人，道光十五年（1835年）进士，选翰林院庶吉士。散馆授编修，充起居注协修，国史馆纂修。

苏廷魁所属的苏氏家族，在清代就已有"三代九科甲"之誉，苏氏家族繁衍发展至今天，仍是世世代代人才辈出。如苏廷魁的玄孙苏耀祖执掌香港文康广播公司，苏铭祖在美国国防科研部门任职，苏绳祖是香港医学界著名的脑外科专家，等等。

苏廷魁，才情出众，为官操守廉洁，秉性朴直，敢于犯颜直谏，因此广受称道。

弹劾穆、赛，身当"谏垣三直"和"四虎"

道光二十三年（1843年），苏廷魁被召回京，授协理京畿道，当年十二月署兵科掌印给事中。这一年，英国又强迫清政府签订《虎门条约》，西方列强在中国大肆搜刮原材料，同时又大量倾销商品。手工业者失业，生活无着。加上灾荒连年，各地起义事

苏廷魁（1800～1878年），字德辅，号赓堂。出生于长利村青云坊一个书香世家。

件此起彼伏。苏廷魁忧国忧民，心急如焚，怒不可遏，就"时政乖迕"，上疏数千言，谏议罢黜穆彰阿，"请下罪己之诏，开直谏之门"。道光帝"览奏动容"，"嘉其切直"。但是，由于穆彰阿在朝中气焰正盛，苏廷魁人微言轻，因此他的这一举动并未产生什么实际效果。道光帝虽然嘉许他敢于"直谏"，但是却无"罪己"的具体行动。而苏廷魁犯颜直谏，语多恳切之言，因此赢得了朝野许多人士的赞许。他与朱琦、陈庆镛屡次挺身而出，上书论政，力主销烟抗敌，以直言敢谏而被当时舆论誉为"谏垣三直"。他们三人，再加上较早时出名的金应麟，又被称为"四虎"。"保位贪荣，妨贤病国。小忠小信，阴柔以售其奸；伪学伪才，揣摩以逢主意"的穆彰阿，"终道光朝，恩眷不衰"，因此苏廷魁等正直之士饱受压制、打击。然而，民心不可欺，民意不可违，在道光帝死后不久，穆彰阿终被褫职，落得个身败名裂的下场。

长利村的苏氏宗祠

"公负国，某不敢负公。"

同年四月，大学士、首席军机大臣赛尚阿出任督师，镇压太平天国革命，但他屡为太平军所败。赛尚阿也是个贪权误国的鼠辈，他趁到前线督军镇压太平军之机，援引内阁侍读穆荫擢五品京堂，在军机大臣上学习行走。苏廷魁疏劾其坏旧制，用私亲，超擢太骤，易启幸进之门，请赛尚阿还京，令回章京本任，并斥责其擅预黜陟之罪。咸丰皇帝先隐上疏者之名，出疏示赛尚阿，赛尚阿退，饮台垣酒，问："谁实弹我？"苏廷魁出席曰："公负国，某不敢负公。"在场的官员都佩服苏廷魁刚正不阿的精神。

参与督办团练抗击英法联军

咸丰七年（1857年），第二次鸦片战争爆发，英法联军再度占领广州。

咸丰八年（1858年）二月十五日，清廷命苏廷魁火速赶往顺德，与在籍户部侍郎罗淳衍、太常寺卿龙元禧等督办广东团练总局，招募东莞、三元里、佛山练勇数万人，奋起反抗英法联军的侵略，收复被侵占的广州。

苏廷魁和罗淳衍、龙元禧以团练总局的名义发起大罢工，规定"粤中各府县乡村耆老首事通饬民间男女有在香港、澳门等处为外洋人教书、办理文案及一切雇工服役人等，限一月内辞退回家"，号召在广州替洋人服役执业的所有人员一律归家，商民迁徙一空，原先繁华的广州西关，白天冷冷清清。再派团练壮勇严密封锁港口，断绝盘踞在广州城内英法联军的柴、米、油、盐、蔬菜和其他食物的供应，要把敌军活活困死、饿死。夜间潜入广州城袭击小股分散的敌人。英法联军的士兵被杀、被俘的事件时有发生，搞得敌军风声鹤唳，心惊胆战，即使在白天，如果不是成群结队根本不敢出街。英法联军不甘心被动挨打，分路出城进攻团练。团练的壮勇预先埋伏在有利的地形迎战。他们边战边退，诱敌深入，等敌人进

长利村——苏廷魁的故乡

了树林僻静的伏击圈，突然，锣声震天，枪声大作，埋伏的团练壮勇从四面八方冲杀出来，原先撤退的团练壮勇呐喊着杀了个回马枪，中了计的敌军心惊肉跳，纷纷逃窜，有的慌不择路陷入水田的淤泥之中，难以拔腿被活捉。侵略军被打死打伤100多人，剩下的狼狈撤回。此后，敌军躲在城内，避战不出。但团练的壮勇却常常潜入城内袭击敌人。他们有的埋锅箭，有的布地网，晚上将火箭投射到敌军阵地，敌军防不胜防，惊恐万状。

咸丰八年（1858年）七月二十一日，苏廷魁和罗淳衍、龙元禧命令石井、冈村、大江、安良各路的团练壮勇7000多人攻打广州城。团练壮勇们枪炮火具齐放，击毙击伤侵略军多人。骁勇剽悍的团练壮士乘胜登上广州西北角的城垣，又攻下了通楼，打得敌人晕头转向。北路团练壮

长利村内的老建筑

勇各团分队冲进了西门，敌军拼死抵抗。观音山上的敌军，以及珠江上的敌舰一齐向团练壮勇攻占下的地方放炮，城墙上的敌军不断向团练的阵地抛掷火盘、火弹，众多壮勇英勇牺牲。相持了三昼夜之后，由于团练壮勇伤亡过大，已登上城墙的壮勇无法立足坚守，被迫撤退。

《天津条约》签订后，侵略军仍驻广州不退，苏廷魁等奏请保留团练局，以防侵略军再犯。广东团练总局还贴出告示悬赏购买为非作歹的英国领事巴夏礼的人头。8月11日，英军3000多人前来报复，他们开炮轰击新安县西门城墙，炸开了一个几十丈的缺口，并一度冲入城内。广州民众针锋相对，团练壮勇和军民奋起反击，在城外防守的壮勇火速驰援，与敌军激战3个多小时，击毙来犯之敌100多人，保卫了国土，捍卫了民族尊严。

治水结余30万：上缴还是瓜分？

同治元年（1862年）清廷重新起用苏廷魁，授河南开归陈许道道员。同治三年（1864年）正月，苏廷魁署理河南布政使。同治五年（1866年），苏廷魁署河东河道总督，管治河南、山东等境内黄河、运河的水利以及军务。几千年来，黄河有过1500多次决口的记录，历代都设专门机构管理黄河堤防。苏廷魁到任后，勘察各处河堤地势，会同三省督抚筹议。但是黄河洪流将河南荥泽县西北的堤防冲决，苏廷魁受到撤职留任的处分。他加意报效，千方百计将缺堤修复，与河南巡抚联同奏准白银100万两作治河经费。他"亲督工，买料俱亲经手"，结果不出三月，缺堤修复，因而官复原职。但结余有30万两银，如何处置又生纠结。河南巡抚主张瓜分，苏廷魁坚持余款奏缴国库。这个巡抚因为"未遂其欲，恨甚……弹奏之"。朝中的户部也因"向来河工告成，无不浮冒虚报者，利得十分之七，大小瓜分，以三分贿部遂不驳。今苏公缴还余银，除此陋规，部中亦恨"。于是户部想方设法在苏廷魁的奏折里挑出"不合例数条"，与河南巡抚联同参劾苏廷魁。结果这样一位不愿贪污的二品大员竟被革职。后来任道镕任河南巡抚，也因复堤工程有余银而"请缴余银"，结果也遭"被弹劾，革职去"。对于清后期朝政的腐败，当时头脑清醒的人士一针见血地指出："二公于污秽之中，独欲显其清廉，宜犯众忌而不得安于其位也。"

身当河工肥差，却无豪宅大院

不过，苏廷魁治河有功，操守廉洁，受到河南、山东等地的百姓敬仰，自发地在庙宇中立苏公（廷魁）像供奉。同治七年（1868年）六月，他与各将领督率"仿古人治河成法"，"分段挑浚旧河，一律深通"，加固上游薄弱处的堤

围。他号召农民开垦河滩的荒地，许诺三年之内收成全归开垦者。一千亩以上的大片荒地，由军队开垦，化兵为农，节省军饷。这些利国利民之举，成绩斐然，朝野称赞。

同治八年（1869年），朝廷念及苏廷魁修复荥泽堤围决口有功，内召，官复原职并嘉赏二级。苏廷魁平素一贯勤政清廉，虽然一度位高权重，掌握河工肥差，但家无豪院大宅，只有一栋古老的占地约100平方米的瓦房屹立在长利涌边的长利村。

"下笔千言立就"与"诗而史者也"

苏廷魁喜好学术，善于著文。高中进士的那年十月，他结集刻印了《守柔斋诗钞初集》三卷。他写有《西湖杂诗》百首。清何曰愈所撰《退庵诗话》就此评述说："苏河帅（廷魁），字德辅，乙未入词垣。立朝敢言，所奏多关国家大体，有鱼头铁面之目。博通群籍，诗才敏妙，不假思索，下笔千言立就。上溯汉、魏，下涉唐、宋，力追《风》、《雅》，著有《守柔斋集》若干卷。余尝见其《西湖杂诗》百首，搜罗逸事，诛奸刺佞，发潜阐幽，盖诗而史者也。"他尚著有《守柔斋行河集》二卷、《守柔斋诗钞续集》四卷。《清人诗集序录》一书评价他的诗作"雄直壮阔"、"力开生面"。就其诗文的内涵来看，不仅仅是对传统文化的简单重复，而且也敏锐地捕捉到了中西文化碰撞所产生的火花。例如，他写有《主人为作西洋筵有赠》等新颖的好诗，为当时的诗坛展示了崭新的面貌。除此之外，他还著有《五经择要》、《手批东莱博议》、《中州奏议》、《守柔斋诗草》等。

清朝骁将张国梁

从山寨首领到清军守备

张国梁（1823～1860年），字殿臣，原名嘉祥（一作家祥），广东高要（今鼎湖区沙浦镇）人。少有文才，但个性不羁，喜与侠客交游。15岁时赴广西贵县从叔父学习经商，前后凡三年。一次，其同伙中有人为乡里土豪所辱，他怒而杀之并焚毁其家。为逃避官府追捕，他投入到广西贵县天地会起义队伍中。山寨首领奇其貌，将女儿嫁给他，又欲提升他为自己的副手。但初时众人不服，仅称之为"老幺"（排号在尾位）。他每次外出打劫，收获都比其他人多几倍，抗拒官军又每每获胜，因此逐渐得到众人的信服。有一次，山寨中缺粮，他率人去越南边境地带"借粮"。越南人驱象阵防御，他命人捕鼠数百只并投掷于象群之中，象不敢挪动，于是大获胜利。后来，山寨首领病故，众人推戴他取而代之。他为首领后，济弱锄强，同时约束部众十分严格，规定：凡是打劫官商，不得杀人；务将其财货的十分之一返还之，以作旅费。

洪秀全发动了金田起义，轰轰烈烈的太平天国运动正式爆发。洪秀全派人来邀他加入自己的队伍，遭到拒绝，并回话说："吾之为盗，非得已也，岂从叛贼者哉？"从此之后，他走上了专与太平军为敌之路。不久，清将向荣为广西提督，主持镇压太平军事务，听说其事后，遂派绅士朱琦携书前往招降。道光二十九年（1849年），受清军招抚。受降后，解散山寨上的部众，令其各自回乡"从良"，自己则降附于广西布政使劳崇光帐下，改名为"张国梁"。

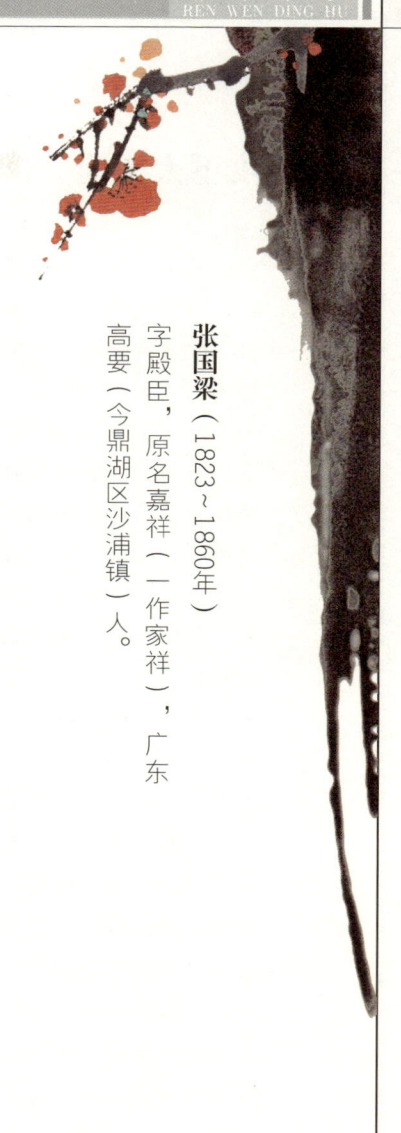

张国梁（1823～1860年）字殿臣，原名嘉祥（一作家祥），广东高要（今鼎湖区沙浦镇）人。

攻下太平府，擢升总兵

咸丰元年（1851年），张国梁随提督向荣自广西尾追太平军直至江苏，因作战勇猛、杀颜品瑶，受向荣倚重。咸丰三年（1853年），清军建江南大营于南京孝陵卫一带，张国梁为大营主要战将，常与太平军作战。

咸丰四年（1854年）五月，太平军结集各地以及从上游东下之部众，屯驻于安徽太平府城，将军用粮米停泊于内河，以接济天京之需。又在天京城外西南隅板桥、善桥一带，筑营驻扎，以期打通太平府往来之道。是年闰七月，张国梁选派精兵400人，会合各营，由江苏丹阳出发，直抵太平府之十里桥，探知城外有船只千余艘，城内有守军五六千人。张国梁将所部分为三队：一队潜入太平军城壕之下，一队潜入太平军营附近，一队正面进攻。太平军将士英勇抵抗正面之敌，突然城内起火，营垒被烧，遂陷入混乱。张国梁乘机驱兵猛攻，杀入城内，毙伤太平军四五千人，攻克了太平府。由于这一战以少胜多，故一时被清政府视为"奇迹"。张国梁也由是年八月擢广东三江协副将。

九月，张国梁以精锐二千人发起猛烈进攻，连破太平军六道关卡，乘势攻上山梁，焚毁木栅，破营二座，毁炮台一座。十月，太平军分兵由南路进击殷巷、马木桥一带，张国梁率清兵堵击，太平军连夜进至秣陵关。清军尾随而至，太平军拼死抵抗。张国梁率清军跃上房屋，抛掷火器，太平军遂突围出城，张国梁等分路追杀。咸丰五年（1855年），张国梁擢福建漳州镇总兵。从当时情形来看，张国梁是为数不多的能拼死作战、给太平军造成重大伤亡的清军将领。

败死丹阳

咸丰六年（1856年）四月，太平军破清军江北大营，张国梁奉命率兵勇2400名赴北岸，连占江浦、浦口（今均属南京市），阻遏太平军南渡之路。六月，太平军秦日纲部进攻镇江外围清营，石达开部又占溧水，遂奉命先援镇江，继战溧水。因太平军乘虚猛攻江南大营，又星夜回援，筑垒于马群。以大营溃败，随向荣逃往丹阳。旋向荣死，清廷命和春为江南大营钦差大臣，张国梁帮办军务。接连苦战解金坛围，取高淳、东坝（今高淳东），占句容，阻击太平军援军于高资（今镇江西），并迫使其弃守占领五年之久的镇江城。

咸丰八年（1858年）初，张国梁协助和春重建江南大营，掘长壕百余里，再围南京。咸丰九年（1859年）秋，太平军二破江北大营后，率部渡江北援，与李秀成、陈玉成部太平军战于扬州、仪征等地。咸丰十年（1860年）春，太平军以围魏救赵之计，调动江南大营1.3万余人赴救杭州，然后回师急攻江南大营。张国梁率部往援大营西路，旋折返，以小水关大营本部被突破，遂率溃军退守丹阳。五月十五日，太平军主力东征苏、常，十九日占丹阳城。

忠王李秀成命力士混入清军溃卒中，猝击张国梁，张国梁被创大呼，入尹公桥下而死。秀成入丹阳，命收国梁尸，曰："两国交兵，各忠其事。生虽为敌，死尚可为仇乎？以礼葬之下宝塔。"

清廷闻知其死讯，发布上谕，称："数载以来，东南半壁，倚为长城，惟张国梁之力居多"，"若使张国梁尚在，苏、常一带，何至糜烂若此？"因此，追赠太子太保衔，照提督阵亡例从优抚恤，所有任内一切处分，悉予开复。于张国梁死事之地及其原籍建立专祠，予谥忠武，赏骑都尉兼一云骑尉世职。

同治三年（1864年），清军攻陷天京，太平天国起义失败。清廷又加赏张国梁三等轻车都尉世职，照例将前后三次世职并为一等男爵，兼一云骑尉。同治十三年（1874年），两江总督李宗羲奏准朝廷，在江宁（今南京）合建向荣、张国梁专祠。张国梁育有一子，名荫清，袭世爵。

造福桑梓陈祝龄

陈祝龄（1870～1930年），沙浦镇沙二村人，幼年随姐夫到天津接受近代教育，掌握了英语、时兴的商业贸易和其他学科的知识，积极从事进出口贸易，并因此获得巨大成就。

陈祝龄（1870～1930年），沙浦镇沙二村人，幼年随姐夫到天津接受近代教育，掌握了英语、时兴的商业贸易和其他学科知识，积极从事进出口贸易，并因此获得巨大成功。发家致富后，陈祝龄不忘扶危济困，助益革命，报效社会。他先后捐献银元百万，用于赈济灾民、兴办公益事项、资助贫困学子，以及赞襄孙中山领导的辛亥革命、反袁"二次革命"等。后因军阀势力嫉妒，遭绑票遇害而不幸早早辞世于天津。

陈祝龄所在的鼎湖区沙浦镇沙二村从清代以来就十分注意崇文重教，颇成一种风尚。他的父亲陈辑庭自幼勤学，考取了生员（秀才），但乡试落选。由于家境困窘，陈辑庭只得放弃举业，居乡教学馆以作出路。又因生养六子一女，家道更为贫困，连子女教育也显得费力。长女陈巧的夫婿黄云溪是西江对岸的永安镇桂溪村人，少时已随亲人到上海经商，后转往天津发展，充德商瑞记洋行买办。这时清廷开展洋务运动，沿海大城市和港口率先兴办新式学校，天津也陆续开设了小学堂、中学堂和各种专科学堂。陈祝龄接受姐夫的帮助从家乡来到天津，先入小学堂就读，由于聪颖、勤勉，以优异的成绩毕业，复考入天津商业学堂。该校是为洋务运动培养商业、贸易的实务人才而开设的专科学堂，在国内属于首创。陈祝龄进入天津商业学堂，可以说是选准了热门专业，所修习的课程和获得的知识对于他后来的事业发展有着十分重要的意义。该学堂的课程设置包括基础课和专业课，国文、英语、数、理、化等基础课占了相当大的比重。

其中，特别是英语教学所占比例最重，因为它是外国语言文字中的主要语种，在对外贸易上需用最为迫切。陈祝龄顺应这一趋势，发奋勤学苦练，按教学要求熟练地掌握了口语、读写的知识、技能，并能流利地进行会话，因而再一次以优异的成绩毕业。随后，他进入英商怡和洋行服务。该洋行是外商在华实力最雄厚的机构之一，经营的业务除初期的进出口贸易外，后来逐渐拓展至国内的航运、造船、码头、仓库、地产、铁路等领域。陈祝龄在洋行内以优良的商贸素质受到主管的赏识，迅速得到晋升，从侍应生、练习生、行员被提拔为买办，时年才29岁，与那些盛年、壮年甚至老成的商场老手同列。后来再升至部门经理。由于经手的贸易数额量大，陈祝龄领取高薪，又收受佣金、提成费等，年久便积累了大笔资金。于是他另行自营实业，经营进出口业务、南北货物大宗贸易，迅速壮大了资本实力，利润累积，拥资以百万计。

陈祝龄发家致富后，不忘报效社会，在赈济灾民、资助教育以及赞襄革命等方面贡献卓著，受到人们的高度评价。

得孙中山题"乐善好施"书幅

民国四年（1915年），广东发生"乙卯大水"，酿成重灾，鼎湖区域内主要堤围崩决，沙浦的村头陈村全部被毁，灾情惨重。灾后广东派人到天津募捐救灾，陈祝龄慷慨解囊，乐捐银元5万作赈济专用款。获悉沙浦围内有饥民陷入困境，陈祝龄派人到广州米市采购，迅速船运回来，先后3次，共约30万斤，实

沙浦革命烈士陵园

施散赈，每人分得3斗（约重20斤），大大地缓解了饥情。村头陈村房屋被水冲毁，陈祝龄电汇银元2万，资助受灾户修建被毁房屋，重建家园。此举深得乡人赞佩。

陈祝龄赈济灾民的善行，深得时任护法大元帅的孙中山的嘉许，亲笔题书"乐善好施"大字，以宣纸裱装成5尺×2尺精致横幅回赠。此横幅原来保存于家乡，一度每逢春节便在祠堂内展示。

为了使乡中的鳏、寡、孤、独得以乐生，老有所养，死有所葬，孤寡有所扶持，陈祝龄出资银元万余购置商铺、垦田作实业，以年中租金充作慈爱经费。凡族内鳏、寡、孤、独、丧失劳动力的，每月赈济米粮3斗，菜金和零用钱1.5元或2元，过世无力殓葬的，供给丧葬费。同时面向乡民大众，于1920年建茶亭两座，以使人们在田间劳作时憩息。一座命名三祝亭，位于西丰里外原三圣宫东边；一座命名百龄亭，位于村南一里许大围桥南，往苏坑所必经处。每逢夏季，雇请专人烧水沏茶，无偿供人饮用。

捐赠免费入读的沙埔新式小学

在了解到沙浦故里还没有正规的小学,学童仍然在私塾式的学馆里受教的情况时,陈祝龄提出创办新式小学,受到当地父老的赞同。于是在1924年出资银元25000元,于沙二村兴仁里堤围东建成青砖楼房1座,分设教室、办公室、图书仪器室等,命名为"祝龄学校"。学生全部免费入读,书籍由学校供给,而且设立升学奖学金。此外,他还从私产中拨出在中山县的沙田360亩充作学校的固定校产,时值约50000银元,所收田租每年约值3000~4000元作为常年经费。像这样规模和设施的正规小学,在沙浦还是第一所,围内其他小学在1927年以后才陆续开办。该小学经费充裕,设备完善,善待学生,师资优秀,在当地是少有的。

在津沽捐资助学

此前十多年间，长期在天津办学的著名教育学家张百苓将原有的南开学校扩办为南开大学，急需经费，多方募捐，陈祝龄知道后也予以资助。陈祝龄还对高要、天津的其他教育事业，先后捐出资金。曾捐资高要县立中学建学生宿舍一座，命名为"祝龄宿舍"。天津的广东同乡会筹建广东中学，陈祝龄是校董会董事，捐建礼堂一座。南开大学扩建，他也曾捐资。

陈祝龄还诚心资助勤奋好学的亲人，曾独力支持七弟陈汝湘读书成材。陈汝湘在陈祝龄的资助下读完中学，有意出国留学深造。当时正当光绪末期，陈祝龄的事业还处在起步阶段，财力还不十分厚实，而且兄弟众多，需要照顾的不止一人。但是，他预见这位小弟资质优良，是可造之材，于是继续支持他留学。可喜的是陈汝湘考取了官费名额，就读美国名校耶鲁大学铁路工程系，成为日后声名卓著的铁路工程师詹天佑的同学。陈汝湘勤奋攻读，于1911年获得硕士学位，回国后参加留学生考试，成绩列入最优等，获"赏给工科进士"。据上海《申报》宣统三年（1911年）八月十七日、十八日和九月初十日登载的"留学生及第名单"和"上谕"，参加考试的有493人，列入最优等的59人，其中李四光是第50名，陈汝湘是第37名。其后陈汝湘长期在铁路界从事技术工作，先后担任京张、北宁铁路的工程师，曾参与詹天佑主持的京张铁路八达岭段工程的技术攻关，是我国早期具有硕士学位的为数

沙浦中学——沙浦历来十分崇文重教

很少的铁路工程师之一。

同时,陈祝龄有表弟梁朝玉也在求学,他也予以支持。梁朝玉就读设在天津附近的北洋大学工科,也于1911年毕业,参加大学毕业生考试,成绩也列入优等,并获得进士名号。后来从事土木、水利等工程技术工作,获得技术高级的技正职称,曾任珠江水利局技正。陈汝湘、梁朝玉两位工程技术前辈,在铁路和水利工程建筑等方面贡献突出,是清末民初广东西江地区工程技术界的精英人才。

陈祝龄不仅资助亲人求学,而且还赞助好友子弟修学成材。他曾对著名的科学家吴氏兄弟中的吴大任给资完成了中学的学业。吴大任在南开大学所编的《南开学人自述》(第一卷)一书中的《我的自述》一文中写道:"从1922年到1926年高中毕业的4年间,用的就是父亲这个朋友的钱。他使我能继续学习,我对他是感谢的。除每期的学宿费45元外,他每月还给我10元。"根据吴家兄弟在肇庆的近亲指认,人们才了解到"父亲的这个朋友"原来就是陈祝龄。吴家兄弟相继从南开中学、南开大学毕业,先后出国留学,分别获得硕士、博士学位,并在不同的科学领域内作出贡献。

赞襄国民革命

由于受环境熏陶,陈祝龄思想倾向民主。他长期居留的天津是华北的门户,由于当时京广铁路尚未开通,广东与天津之间只有海运可通航,所以由广东前往华北的人一般都通过海运线取道天津。加之天津设有外国租界,容易隐蔽,因而清朝末年以后在华北从事革命活动的同盟会人员,特别是从广东而来的革命党人往往停驻于此。他们中的许多人为了活动方便,常常慕名联络陈祝龄,以获得各种必要的帮助。陈祝龄则积极支持他们

的革命活动，对于辛亥革命、反袁护国、"二次革命"和国民革命等都曾鼎力赞襄。1928年，奉系军阀张作霖从华北退回东北，一度气焰嚣张的张宗昌屡战屡败，最后在河北滦东地区被国民革命军彻底歼灭。此后，天津归国民革命军的晋绥军和第七军（桂军）控制。其间，陈祝龄被匪帮"绑票"，勒索巨款，几迁窟穴，并对陈祝龄百般威吓、折磨，最终加以杀害。匪帮报信陈祝龄家属，勒索10万元赎尸，结果仅得到他随身悬挂的一条钥匙。当时天津《大公报》以《怡和出口部经理陈祝龄被绑》等为题，在两个月内作多次报道，内称："英租界松寿里六十六号住户陈祝龄氏，年近半百，原籍广东，现在英租界怡和洋行任出口部经理。服务以来已二十余载，家财殷富，在商界卓有名望。乃昨晨竟以被匪绑架闻。"又谓："陈氏为人极为忠厚，向不招怨于人。"天津市公安局将陈祝龄一案与同时发生的美商璧利洋行东主布瑞纳尔被绑一案"两案合并悬赏一万元"，从严侦捕。其后布瑞纳尔脱险归来，但陈祝龄因中国人在租界内出事，被绑架后又只与匪帮暗中交易而不报案，竟至迅速丧生。但是，几年后，案件真相大白于天下，原来是张宗昌余部耿华堂主谋，因其所属武力帮派被国民革命军歼灭而怀恨在心，所以将报复对象扩大至为国民革命出钱出力的陈祝龄。陈祝龄被害时，年仅50岁。

孔门大师陈焕章

陈焕章身兼中国传统科举考试的进士和在美国名校获得的博士两个最高级科举功名和学位，学贯中西，不仅可以直接阅读英文原著，用英文在哥伦比亚大学出版了自己的博士论文，受到欧美学术界的推重，而且曾用流利的英语在世界和平大会上演讲，并因此而轰动一时。

十二岁成为秀才

陈焕章（1880～1933年），谱名嘉让，又名光然，字重远，出生在砚洲岛上土名南边陈的村落。"南边陈"的意思是坐落在洲的南部西江岸边，村中的男子全部姓陈。他家世代耕读，曾祖父是县学生员（秀才），一生从教，祖父和父亲也读书明理，因家道中落，要终年操持营生。母亲要日夜进行手工劳作来维持家计。难得的是他有个杰出的母亲，在他3岁的时候便教这个长子读《三字经》，随教随念。陈焕章自幼聪慧，竟然也句句上口，显示了不凡的才智。他有时到私塾外听师生们读书，并应声朗朗诵读，表露出聪敏的资质。正式入馆就学才几年，老师就看出他已初具童子应试的文化程度。光绪壬辰年（1892年），12岁的陈焕章来到肇庆参加院试，经学政最后考录，成为县学的生员。后来依例补作廪生。

陈焕章（1880～1933年）谱名嘉让，又名光然，字重远，出生在砚洲岛上土名南边陈的村落。

文华鼎湖 / 人文鼎湖

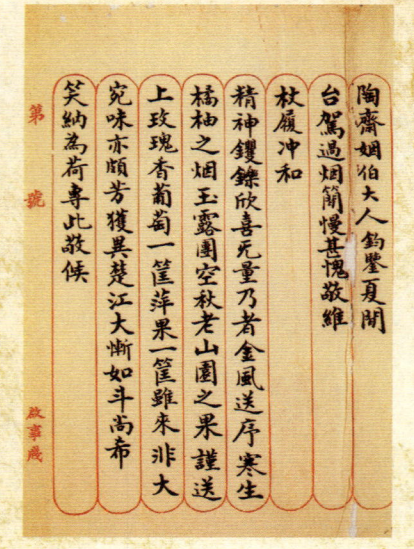

孔子之徒皆忠鲁国
上帝临女无贰尔心

陈焕章手书对联

康有为之得意门生

为了深造，陈焕章与乡中有志于求学上进的青年学生一样，到广州拜名师，进名馆，并得到舅父的资助。他的父亲陪他到省城就学，辗转几次，然后进入名声鹊起的康有为所办的万木草堂，与梁启超、麦孟华、徐勤等是同学。由于陈焕章比那几个同学年轻六七岁，因此倍受器重，被康有为视为得意门生。后来陈焕章出了名，康有为更称之为"吾弟"、"仁弟"。1894年，甲午战争爆发，中国战败，民族危机深重，爱国心切的知识分子们思考着挽救民族危难的办法。第二年乙未属于会试年，康有为、梁启超在北京联合参加会试的举人进行"公车上书"，提出变法图强等三项主张。又过三年逢戊戌年，康有为、梁启超推动变法维新运动，举国

陈焕章博士复郑观应书信

震惊。在这个现实背景之下，万木草堂不再平静了，学子们不再只是埋头于讲学求知识了，陈焕章也投身到变法图强的宣传鼓动的热潮中。

办报教学，历练新学

由于"百日维新"失败，康有为、梁启超都逃亡日本，万木草堂停课，陈焕章不得不走出书斋，先回家乡活动，不久后到澳门参与宣传变法维新的《知新报》的社务，撰文编稿，主持专题论述。三年后，他转往广州时敏学堂，先任教习，第二年任监督，重新回到学校进行教学和研修，使他的学业出现了重要的长进。

科场连捷，金榜题名

光绪二十九年（1903年），乡试开考，陈焕章顺利中举。

第二年的甲辰年正科会试仍然如期举行，适值慈禧太后七十寿辰，故这一正科被冠上"恩科"以示皇恩浩荡。这对于一心盼望举业善终的举子来说无疑是头等福音，对陈焕章而言更是绝好的机遇。因北京贡院还没有修复，所以会试改在河南省会开封举行。结果陈焕章成为贡士。五月二十一日，依旧例到北京参加殿试，并于二十五日金榜题名。陈焕章列名为三甲第131名，得正式名衔为赐同进士出身，顺利地走完科举全程。这一年，陈焕章年方24岁，是最年轻的进士之一，同试之人大多比他大5~10岁。放榜后朝考，陈焕章得用为内阁中书，在清朝定制分用进士的四项中居第三项，居即用知县之前，因而排名虽然靠后一点，但仍然得以在朝任

上图：陈焕章考中举人碑记
下图：陈焕章考中进士碑记

职。有机会进入新设的进士馆，自报留学美国获准，在光绪三十一年（1905年）九月随考察宪政五大臣一行赴美国，年底到达，入读库克学院。

哥伦比亚大学出了进士博士

1907年，在通过考试之后，陈焕章顺利进入了哥伦比亚大学，在该校经济学系学习。到1910年冬，在不满4年的时间里，他竟然完成了博士学位论文《孔门理财学》，并且通过答辩，由哥伦比亚大学出版社在1919年出版，编入该校收录教师研究成果或著述的《历史、经济和公共法律研究丛书》。就这样，陈焕章在中国取得的进士身份之上，又循正常途径在美国名牌大学获得了博士学位，其博士学位的全称是"政治经济学哲学博士"。其中"哲学"是美国博士的分类，与"科学博士"并列，并非是专业的标志。在1929年农历七月十二日，陈焕章母亲七十一岁生日时，朝鲜汉城大东斯文会会长宋之宪致贺序中就已指出："中华人之以进士出身，能考外国博士学位者，惟陈君一人而已。"近年学术界重新揭示这件唯一的奇事。

《孔门理财学》举世瞩目

陈焕章的博士论文和专著《孔门理财学》直到近年才有多种中文译本。该书的英文原名直译成现代汉语是"孔夫子及其学派的经济原理"，意译为"孔门理财学"。"孔门"的意思是孔子及其所开创的学派，包括孔子本人、他的弟子、再传弟子以及传承孔子学说的其他儒者。"财"指财富，"理财"原是中国传统术语，按本书所蕴含的内容，学

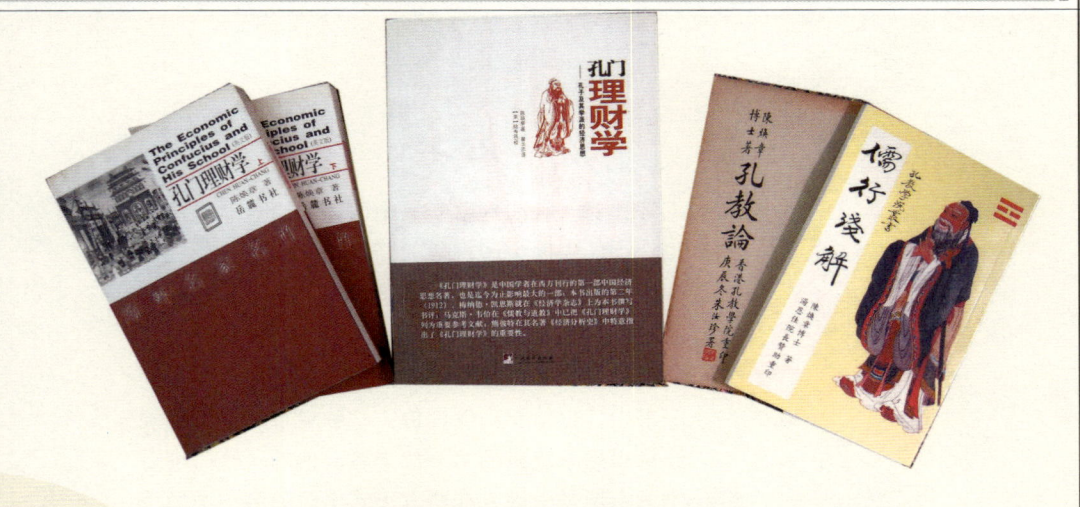

者们认为"理财"相当于经济学中的"经济",或"社会经济",而非仅仅是管理个人财产。从篇幅来看,英文原书有800页,译成现代汉语有四五十万字,因而分量相当厚重。

陈焕章的这一部取材于古代中国典籍、撰作于美国著名学府的洋洋洒洒的论著面世不久便受到欧美经济学界的重视,经济学名家也发表书评作正面的、积极的评价。哥伦比亚大学华文教授夏德、政治经济学教授施格都为该书作推崇的序言。我国首位法学博士、曾任民国临时政府司法总长、北洋政府国务总理、广州护法军政府外交部长的伍廷芳为该书作跋称:"是书阐发精微,考据详赡,以新学之诣,力发旧学之幽光";"使非学有根源,才通经济者曷克臻此。际兹民国财政困难之秋,此书洵为出色当行之作。"美国《东方评论报》在1912年5月的书评称:"是书也,有莫大价值于西方世界者也";"是书之题目,虽含义甚广,而作者独自显其能,使凡西方之通儒及学生,与乎普通之读者,皆能明瞭,此诚华人未有之著作也。其永垂不朽,真可作为纪功碑矣。将来译作华文,必可证明其有益于华人,而为无价之宝,美哉是著乎?"当时在英国剑桥大学经济学讲坛上崭露头角、主编经济学权威刊物《经济学杂志》的约翰·梅纳德·凯恩斯也在该杂志上发表

111

书评，对《孔门理财学》中引述的论点、事例加以评论，表明中国古代的经济状况已被这位独创性强劲的经济学家摄入视野之中。瑞士日内瓦高级国际问题研究院相蓝欣教授近年所著的《传统与对外关系——兼评中美关系的意识形态背景》一书中，也给予高度评价："陈焕章是接着传统经济思想系统讲的第一位学者。他的《孔门理财学》不但是中国人在西方正式出版的第一本经济学著作，而且是唯一一本全面诠释传统、并有重大创新的鸿篇巨制。"

康有为题写的砚洲"励刚家塾"

备顾问、参议政，"介然君子儒"

　　兼有本国进士和美国博士两项冠冕名号，并且一时名声鹊起的陈焕章，按照中国的官场习惯，如果运用权术或者其他逢迎手段，谋他个显官肥缺本非难事。但他付出全部力量来谋求定孔教为国教，始终局限在为传教而传教的范围内。就以所涉足的政治领域来说，他先后担任袁世凯、徐世昌、曹锟三任总统的顾问，充当1918年由中央单位推举的国会参议院的参议员，并且在1923年1月获得北洋政府授予"大绶宝光嘉禾"勋章。这些履历和行事表明，他与操控北洋政府的各派系之间都保持了良好的关系，可以说是几朝受信，善始善终。但是他一直没有担任内阁中的实职。特别是在北洋政府后期，从"安福国会"开始担任参议员期间，他的政治倾向已经发生偏转，坚守"澹泊廉退，介然君子儒"的立场。

为家乡福利出谋尽力

　　陈焕章出生、成长在砚洲，他家并无多少财产，除了房舍有励刚楼之外，别无多少不动产。抗日战争期间，他留在故居的家属甚至要挑担出卖劳动力来维持生计。环流的滔滔西江绿水，曾经滋养了他，使他远在欧美也惦记着砚洲故里。他23岁在广州任时敏学堂监督，第二年中了举，开始独当一面，科场和学业都有所长进，于是便把握时机开始为家乡谋福利。当时他兴办新式教育已成为变法维新的首选要务。1903年朝廷颁行"癸卯学制"，他便回到家乡创立了颖川两等小学堂。这是西江地区第一所新式学校。所需的经费，小部分由陈氏本族拨充，不足部分则由他想方设法筹措，几经努力，终于筹到鼎湖山庆云寺所提供的白银3000两，满足了学堂开办和建设费用之需。而且距离家庭较远的学生还可以寄宿，特别是校内设有女学一所，吸收妇女编班读书识字。为了保证教学质量，陈焕章从珠江三角洲等地聘请了教员，其中有留学日本的、有特长讲解英语的，师资力量堪称上乘。陈焕章还在门屏上题"敬教勤学"作为校训，又撰作校歌，对学生寄予殷切的期望，而且以后他一直为该校募集经费。

后来袁世凯在北京复辟帝制，他便于1914年回到砚洲老家暂避。当年夏秋季节，肇庆一带暴雨成灾，称为"甲寅大水"。第二年乙卯，又发生了更严重的"乙卯大水"，西江中下游四处堤坝崩决，房舍倒塌，作物失收，灾户饥民遍野。陈焕章痛心疾首，四处奔波募捐钱粮，又特地前往香港，多方设法访求香港的善堂、慈爱社团救灾。其中，值得一提的是，经他的奔波、求援，香港"九大善堂"主持人、英国人活雅伦来到砚洲实地勘察，认定实况，对于募捐、赈灾工作起到了极大的推动作用。后来，他终于在香港和海外筹到款项，并在砚洲和高要境内进行赈济，同时提供经费在砚洲首次兴筑堤围，还资助高要、高明两县的其他水利设施。

断然避开两次复辟帝制

陈焕章虽然推行孔教，但在阐释儒学经典时并不提倡"君臣之义"，相反，他甚至还认为儒学经典中就有提倡民权的精义。《孔教论》说："夫孔子者，渴望共和者也，憎恶专制者也，提倡革命者也。""自号素王，以躬作民主。"他虽然在年轻时受教于康有为，并在康有为的主导下做事、任职，但在辛亥革命后袁世凯和张勋的两次复辟帝制过程中，他都断然避开。袁世凯复辟帝制期间，他虽然身为总统顾问受了一点"恩惠"，但他坚决不参加"劝进""筹安"活动，顶着被特务跟踪的风险，托辞而南归砚洲故里躲避。张勋复辟帝制时，尽管康有为积极参与，但陈焕章始终敦劝这位老师不要介入。不久，复辟闹剧落幕，康有为逃入荷兰驻华使馆暂避。陈焕章又为康有为的安全而奔走，终于取得美国驻华使馆的收留住入"美森院"，并且陪他渡过难关，此举令康有为大为感激。

呼吁团结，高歌抗日

　　在20世纪30年代，日本帝国主义疯狂侵略中国，"九一八"、"一•二八"抗战以及其后的长城抗战期间，陈焕章写下了几十首诗歌，呼吁团结抗日，颂扬守土御敌，抒发了激昂的爱国情怀，弘扬了崇高的民族气节。其中有五言四句："霜雪满山高，将军夜带刀。从今收失地，乘胜袭匈奴。"该诗题目已失载，经查考，有"将军夜带刀"而取胜的战役应是1933年3月间的长城抗战。当时日本侵略军占领热河省后直逼长城，企图突破关隘，一举进占华北。国民政府部署军队，在预计敌军来犯的冷口、喜峰口、古北口等地组织坚强的抵抗。其中29军37师109旅旅长赵登高将军在3月11日指挥反击战中，与数千士兵一道举着大刀顽强砍杀，大败敌军。该诗传承唐代边塞诗爱国抗敌的传统，活用典故，表达了上下一心、气壮山河、寸土必争、打败日本侵略者、光复河山的殷切期盼和崇高的爱国情怀。

重新认识这个唯一的进士博士

　　由于历史、时代、社会环境的影响和自己的创新禀赋，陈焕章在学术上拥有多个"第一"甚至"唯一"，有着浓重的传奇色彩。他是对孔子学说和儒学进行现代性阐释和论述的第一人，是将孔子学说和儒学以现代的理论视角向国际社会全面宣扬的热心人，所宣达的学术层次之高，社会层面之广，受众之多，是前所未有的。他的《孔门理财学》第三十章论述的常平仓制度，在1934年被美国农业部长华莱士推动进总统罗斯福的新政之中，吸收进《农业调整法》。近年学术界对陈焕章的研究取得了重大进展，对他的积极评价与日俱增，有必要对他重新认识，深入认识，透彻认识。

物理学泰斗吴大猷

科考名门,传承书香

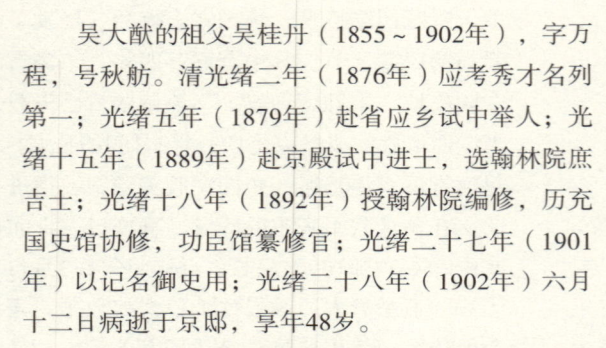

吴大猷的祖父吴桂丹(1855~1902年),字万程,号秋舫。清光绪二年(1876年)应考秀才名列第一;光绪五年(1879年)赴省应乡试中举人;光绪十五年(1889年)赴京殿试中进士,选翰林院庶吉士;光绪十八年(1892年)授翰林院编修,历充国史馆协修,功臣馆纂修官;光绪二十七年(1901年)以记名御史用;光绪二十八年(1902年)六月十二日病逝于京邸,享年48岁。

吴大猷的父亲吴国基(1879~1911年)于光绪二十六年(1900年)中举。曾任驻美国使馆随员,到东北办洋务,逝于任所,享年32岁。此时,吴大猷年仅5岁,母子由其伯父吴远基(1876~1956年)供养,吴远基在光绪二十三年(1897年)成为拔贡,官至曲周县知县。辛亥革命后从事工商业,在天津开办油厂,任天津广东学校校长。吴远基兄弟情笃,其弟吴国基去世后,他把年幼的侄儿吴大猷从广东带到天津,负责供养其两母子,还让大猷就读于南开中学。

高分跳级入读南开大学

1925年春,吴大猷读高二,决定以同等学力去考南开大学的矿科。结果以高分录取,跳级成功,就此进入大学之门。后来他转入物理系,得到饶

吴大猷(1907~2000年)"中国现代物理学之父",祖籍广东省肇庆市鼎湖区水坑村。

毓泰教授的悉心指导，从此在物理科学上开拓进取，教学育人，研究攻关，毕生奉献，作出卓越的成就。

大学三年级的时候，吴大猷开始做助教，用所得的收入去买原版的物理书籍。学生人数不多，师生之间的关系很融洽，饶毓泰和吴大猷因而成为挚友。

在密歇根大学获博士和博士后

1931年，在饶毓泰及叶企孙两位教授的大力推荐下，吴大猷获得了中华教育文化基金董事会（中基会）乙种研究奖学金，去美国密歇根大学求学。

20世纪20~30年代，物理学的主流是原子和分子结构研究，密歇根大学物理系是红外光谱研究的发祥地。吴大猷于1931年9月到密歇根大学。他先随系主任蓝得尔教授进行红外光谱实验研究。几个月的研究使他不仅受到了良好的实验训练，并且在二氧化碳、氧化氮等分子的红外光谱方面获得许多成果。在这期间，他把红外光谱仪的直线狭缝改成弯形，提高了它的分辨本领。他的这项发明后来被制造红外光谱仪的帕金·埃耳末工厂采用。1932年6月获硕士学位后，他在理论物理学家高德斯密的指导下作博士论文，1933年6月获博士学位，成为中国历史上第三位获得博士学位的理论物理学家。之后，他回到祖国，并应邀入北京大学物理系任教。不久，他又在中华教育文化基金会的资助下赴密歇根大学再进行1年的博士后深造，研究原子及分子理论和实验。

把量子力学带到中国

1934年夏天，年仅27岁的吴大猷接到已荣任北京大学理学院长兼任物理系主任的饶毓泰老师寄来的聘书，不久即乘船回国就任北京大学物理系教授。吴大猷到了北京大学后做的第一件事就是把他在密歇根学到的最新的物理学引进中国。吴大猷刚到北大就得了一笔不小的经费，开始把物理系建立起来。当时最重要的物理学科的光学，在量子力学中的实验几乎都和光学有关。吴大猷利用他在美国求学时建立的关系，向最好的仪器制造人购买仪器。这些是当时世界第一流的仪器。在北大的3年中，吴大猷完成了许多重要的理论工作，研究成果都刊登在世界级的物理学报中，共发表了15篇论文，其中有不少是非常重要的。吴大猷就是这样在中国国土上奠定了其学术声誉，几乎所有从事高等物理研究的学者都知道有吴大猷其人，还知道他的工作的重要性。这对当时落后的中国物理学的发展而言，具有十分重要的奠基意义。

在这段时间，吴大猷最重要的教育工作乃是把量子力学带到中国来，在北大进行有系统的教学。仅仅就是把量子力学介绍到中国来这件事本身而言，吴大猷已经可以当之无愧地成为"中国物理学之父"了。当然，在吴大猷对中国物理界的无数贡献中，这件事还是次要的。

"七七事变"发生后，日本军队越过卢沟桥，全面发动侵华战争，持续8年之久的抗战爆发了，北大清华两所大学辗转搬迁到云南昆明与南开大学合并为西南联合大学，把三所大学疏散的教授集中在一起。1938年冬，吴大猷写了一本关于《多原子分子的结构及振动光谱》的专论。书在内陆印刷困难，因此乘饶毓泰老师去上海探望女儿的时候，带去上海尚未被日本占领的租界中的出版公司排版。这本在半年内、战时极为困苦的环境中写成的书，结果成了多年来多原子分子这一学科的权威教科书及参考书。在当时，它甚至是唯一讨论到多原子分子物理的书，因此，在那个时代的物理学家都读过这本书。由于这本书，吴大猷非但得到世界的青睐，而且还得到了中央研究院的"丁文江奖"。

在北大和西南联大任教期间，他指导的本科生研究生成就卓越的众多，除了早已著名于世的诺贝尔物理奖得主李政道、杨振宁之外，还有黄昆、朱光亚、马大猷、张守廉、黄授书、李荫远等后来的高级、资深学者、教授专家。此外一些外国杰出的科学家也自报其成功曾受吴大猷的教益。1951年诺贝尔奖得主西博格博士在1985年见到吴大猷时高兴地说："当年能获得诺贝尔奖，应该归功于你的论文。"足见其影响深远。

在美国：
使"野鸡大学"升级为"凤凰大学"

从1949年秋季起，吴大猷在加拿大国家研究院主持理论物理组，共发表论文50篇，还与日本物理学家大村充（T. Ohmura）合作出版了《散射的量子理论》一书。

1963年秋，吴大猷辞掉了加拿大国家研究院的职务，前往纽约布鲁克林理工学院，名义上是物理学教授，实际上是在其太空及气体动力学研究所讲气体运动论。他讲的内容是以洛桑大学讲课的讲义为蓝本加以增删的，不久以《气体和等离子体运动方程》出版。1965年秋，吴大猷考虑再三，决定到纽约州立大学水牛城分校任物理系和天文系主任。这时水牛城分校正处于半真空状态中，原有的校舍过小，开始在郊区建新址。州政府的预算中已拨6.5亿元的经费去建新校舍，可是要数年后才能建好迁去。吴大猷到了原校址一看，物理系并没任何实验设备基础，因此要等到新校舍建好后才能谈到物理的实验，而要充实实验设备，必需大额经费。当时也没有这笔经费，而理论物理不需要实验设备，容易聘请到学者。和系中同仁讨论后，一致决定先发展理论物理，实验物理则等到迁到新校址后再发展。学校对这个决定欣然同意，认为是最切合实际的办法。1965年到1968年期间，把教授的名额增加十数人，使教师的阵容大幅增加，理论物理因而很快得到发展，到了1968年已脱离C级的恶名，晋级为B。吴大猷在水牛城分校任系主任到1969年，这时系务已整顿就绪，经过几年的努力，该校的教师阵容和科学水平大为改观。到了1979年，他才正式退休。这时他已71岁了，吴大猷初到水牛城分校时，物理系是C级，到他退休的时候，水牛城分校物理系的水平已经到了国际知名的A级了，这所原来的"野鸡大学"已经变成世界上的"凤凰大学"。

吴大猷塑像

引领台湾十年物理学热

　　1956年11月至1957年4月吴大猷曾回台湾，在台湾大学和新竹"清华大学"联合主办的研究生班上讲授古典力学和量子力学，兼及流体力学和核子间的交互作用问题。在这次讲课中介绍了李政道和杨振宁宇宙不守恒的发现，掀起台湾长达10年之久的物理学热。自1961年之后，吴大猷为发展台湾的科学事业经常回台湾，并任台湾"中央研究院"物理学研究所代所长。1965年，他兼任物理学研究中心主任，开始新的物理学事业筹划工作。1967年，被任命为"科学发展指导委员会"主任和"科学委员会"主任两个相关的职务，此后，他每年两次回台湾工作5个月。1969年，他辞去纽约大学系主任职务后专注于个人研究和台湾科学事业。1979年，他从纽约大学退休，长居台湾。从此，他主要在各大学里授课和从事研究。他在台湾大学讲授理论物理学、数学物理学发展史；在新竹"清华大学"讲授量子物理学、古典物理学、气体运动论、原子和分子物理学、非平衡态热力学和散射的量子理论；在"交通大学"讲授数学物理学发展史、近代物理学和物理讨论。1979年，他出任"科学教育指导委员会"主任，致力于初中、高中的科学教育改革。1983年春，他卖掉在美国的住房，该年冬任台湾"中央研究院"院长。除了为公务操劳，参加各种学术会议，他还潜心撰作，著有《现代物理学基础的物理本质和哲学本质》、《量子力学》（上、下册）、《物理学：它的发展及哲学》。台湾的学者非常珍视吴大猷的科学著作，在他八十大寿之际，将他的119篇论文结集成册。同时，吴大猷提出诸多建议，向社会报道科学发展以及关于改革教育、纯化民风等论述，亦已出版《吴大猷文选》七集。

晚年两次回祖国大陆，乘兴回肇庆欢叙

1992年5月17日，85岁高龄的吴大猷教授，在他的学生李政道和夫人秦惠君等4人的专程陪同下，赴大陆参加学术活动。抵京时受到中国科学院院长周光召和有关单位负责人的热情接待。出席"第一届东亚、太平洋、美国超导超级对撞机物理实验和技术研讨会"，其间在京参观中国科学院的机构和设施，进行交流。

5月23日，吴大猷回北大参观，受到全校师生热烈欢迎，校长吴树青亲颁北大"荣誉教授"证书给他。24日，中共中央政治局委员、国家教委主任李铁映和国务委员、国家科委主任宋健专门接见了他。又参加"中国当代物理学家联谊会"，中共中央总书记江泽民、国家主席杨尚昆、国务院总理李鹏接见了他，并合影留念，吴老被安排在前排与杨昆尚主席坐在一起。当日，江泽民在北京钓鱼台国宾馆芳菲苑会见出席当代物理学家联谊会的海内外学者，特地与吴老亲切握手合照。会议期间，吴老由李政道等陪同，神采奕奕地参观了著名的名胜景观，与科技界专家会晤。6月5日，重返母校天津南开大学，获南开大学颁发的名誉博士学位，校长毋国光主持，还将他1929年以理科第一名毕业的成绩单赠送给他作纪念。

1998年11月28日，吴大猷回广东番禺领取香港企业家霍英东颁发的杰出成就奖。这是他晚年的第二次大陆之行，这期间他乘兴回到阔别60多年的故乡肇庆，受到肇庆市委书记陈均伦、市长梁伟发、市委副书记何熙平的热情接待，并赠送了名贵端砚和《肇庆教育志》。故乡的有关领导也于30日上午，专程到先生下榻的星湖大酒店拜会了他，并叙乡亲情谊，同时赠送了纪念品。已年届92岁、满头银发的吴先生，仍然精神矍铄，笑容可掬地欢

1998年12月1日，吴大猷回家乡肇庆探亲，应邀到西江大学参访，题写下"以质立校"的治校箴言和"西江大学"的校名。

迎到访人员。在座人员见他口说普通话，便问："吴博士，你能讲广州话吗？""哦，我已经几十年无讲广州话啦，讲得唔好。"先生笑着回答。当在座者赞扬吴博士培育了杨振宁、李政道两位诺贝尔奖得主者时，他谦虚地说："这不是我的本事。我只觉得自己很幸运，学生很聪明、很勤奋！""吴博士，您是中国的骄傲，肇庆的光荣！"先生听了这一赞誉，连忙谦逊地说："过奖了，我只是一个普通的老师。"

在肇庆学院，谈到教育问题时，吴先生语重心长地说："教育关系到国家、民族，甚至世界的进步与发展。"先生举例："美国之所以经济发达，就是政府十分重视教育，国民教育的程度高。"他又说："我回来听说肇庆办了大学非常高兴。办好大学对培育人才、发展经济、推动社会进步非常重要。"他随之又提出独到见解："我认为，办大学首先要重视质量，而不是规模。"其间，他向西江大学赠送了《吴大猷文选》，挥毫写下了大学校名和"以质立校"的题词。

物理巨星陨落，科学遗作长存

访问肇庆之行4个月后，吴老因病进入台大医院，不足一年就告不治，终年93岁，安享望百之寿。追思会和公祭非常隆重。一代物理巨星遽然陨落，逝者已矣，但其成就遗世，包括物理学各大分支的物理教科书六大册，其中有《相对论量子力学和量子场》、《狭义相对论》（甲部）、《广义相对论》（乙部），和专著《现代物理学基础的物理本质和哲学本质》、《量子力学》、《物理学：它的发展和哲学》，以及论文、专文一大批，连同被人津津乐道的人格风范和科坛、讲坛佳话，将造益后人。

巾帼希圣李蓬仙

李蓬仙是中国末科进士、美国哥伦比亚大学政治经济学博士陈焕章的母亲。她的前半生是高要县农村的一名普通家庭主妇，主理繁重的劳作和家务，后半生跟随陈焕章在北京居住，支持儿子推动孔学的传播。在60岁和71岁两次生日中，李蓬仙收到当时在任或离任的3位总统，5位总理，百十位前清尚书、总督、巡抚、将军，民国部长、省长和相当级别的其他官员政要、社会名流、著名学者，以及中国少数民族人士、华侨和外国人士发送的寿言祝寿。时人高调称赞李蓬仙"教子能为天下重，传经尤见古来稀"。

李蓬仙字观宝，娘家在清高要县龙头乡（今鼎湖区广利街道办事处龙头居委会），父亲李兆云，家道小康。李蓬仙17岁时与砚洲乡陈锦泉结婚，落户夫家。当时家中有祖父陈征兰，是县学生员（秀才），居乡设教馆为业。家中还有祖母李氏，家公陈芝云，家婆苏氏。李蓬仙作为主妇，要全盘操持家务，既服侍上两代，又先后抚育六子一女，最后养大三个儿子成人。养老送终，育儿教子，一一理顺。

长子陈焕章知道八月二十七日是孔子诞辰，要求母亲备礼品祭拜，以后每逢这个日子，李蓬仙必定备足祭品，虔诚祭拜，从不间断。到李蓬仙71岁时，共计已拜祭43年。陈焕章小的时候，李蓬仙日夜做手工帮补家用，不时检查儿子的功课，前后十年，家中困苦到了极点。幸而癸卯甲辰两年（1903年、1904年），陈焕章举人进士连捷，科举冲刺成功。就在长子金榜题名之时，丈夫不幸病重，等不到陈焕章归家便辞世了。第二年秋天，陈焕章按规定进入进士馆，申请留学美国。南返经过上海时，获悉三弟成章在家病重，紧急赶回，然而

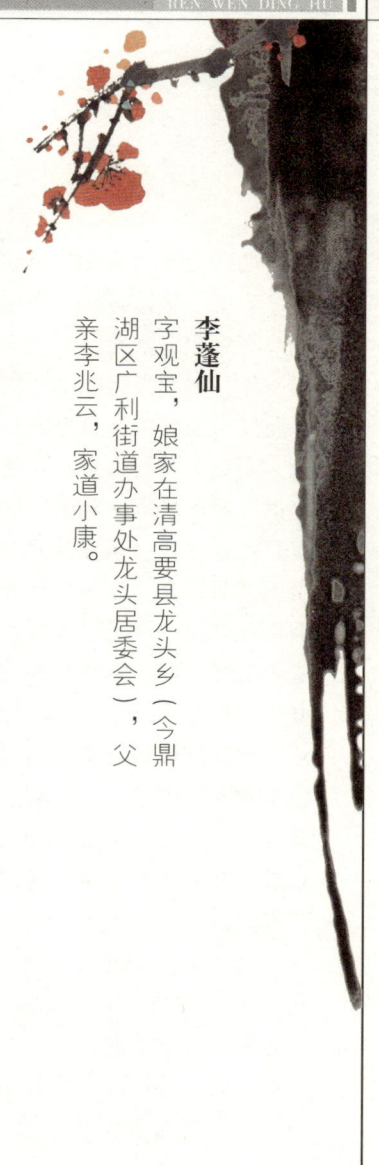

李蓬仙 字观宝，娘家在清高要县龙头乡（今鼎湖区广利街道办事处龙头居委会），父亲李兆云，家道小康。

三弟的病已无法救治，9天后又辞世了，年仅21岁。两年之中丈夫、第三子接连丧亡，李蓬仙悲痛至极。不过丧痛平静之后，还能节哀顺变，割慈忍爱，支持陈焕章在冬季启程。在陈焕章中举那一年，砚洲南边陈创办颖川两等小学堂，李蓬仙的丈夫陈锦泉（丽江）及其弟渭泉出力最多，由新科中举的长子陈焕章主持学堂，竭尽全家的力量，花两年时间才得以建成。不料陈锦泉中途辞世，而陈焕章又赴美留学，剩下李蓬仙居乡。别无可托，陈焕章只得请求母亲成全主理学堂的使命，并请母亲增设女学1所，由她领头，发动族中妇女入学。李蓬仙果敢地肩起重任。女学所教比较简易，不足以满足她的求学上进之心，就到颖川两等小学堂旁听经史课。不论寒暑，每天都到课堂，实在是老而好学。在办学堂的过程中，经费和教师的问题最棘手，但陈焕章出国七年，短绌的经费，得以勉强应付；聘来的教师，甘心任教下去，使学堂到清朝结束，已有五届毕业生，并且一直办下去。这是李蓬仙从中负责的结果。20世纪20年代，陈焕章在北京甘石桥领到官地，开办孔教大学，建校的工程，李蓬仙都亲自在工地督工，不容敷衍。

　　特别是在思想意识方面，李蓬仙设法使长子顺着自己的指向发展。1911年底，陈焕章获得博士学位离美，经欧洲各国回到香港。母子见面之后，李蓬仙阻止长子进入内地，免至冒险。一个月后，陈焕章提出转往上海，李蓬仙又直言忠告："勿作官吏。"因而陈焕章"绝意仕进，专以办理孔教会为务"。15年后的民国十七年（1928年），美国纽约的基督教联合会向中国孔教会发函，邀请派代表列席在瑞士日内瓦举行的世界宗教和平大会筹备会、在法国巴黎举行的世界宗教和平大会执行会议。孔教会决定派陈焕章前去。但陈焕章以母亲已经70岁，正准备举行生日礼，不便远离为由欲推辞。李蓬仙对自己满怀自信地说："我虽然身体老，但精神还健朗，你可以远行，不必担心我！"陈焕章于是坦然成行，获得机会被选为大会副会长，这在华人中是首次。又得以在英国伦敦举行首次"世界祝圣大会"，广邀各国代表参加，设宴宣传孔学。李蓬仙七十晋一寿辰，朝鲜大东斯文会总务鱼允迪作寿序，就这件事感叹说："博士此行，实为世界共认孔教为宗教之大关，博士之能事庶乎毕矣，此皆太夫人成就之。呜呼！至矣。"

李蓬仙生活恬淡，不慕荣利，相当简朴，穿的吃的都很简陋，把好吃的好用的都给予后辈，而自取质差的；勤劳终日，没有一刻闲暇；同时好施与、赈济、公益都能量力分担，不会吝啬。她曾经同时抚养3个内侄，给予饮食、教诲，经历几年时间，又着长子将父亲晚年拥有的祭田交由族中收益，作族人丧葬费用。李蓬仙立心正直公平、态度严肃认真，邻里有细故争执，到来投诉要求排解，一经排解，往往双方服帖，可以说是那个时代女姓中的"乡先生"。

民国七年（1918年）农历七月十二日是李蓬仙六十诞辰，陈焕章和弟陈大章在北京设寿筵宴请宾客，宴席不像北京流行的那样到戏院开场演戏唱曲热闹一番，而是作特别的安排，举行"寿筵讲义"——敦请几位名儒自由讲论儒学要义，别开生面。11年后的民国十八年（1929年）农历七月十二日，又在北京举行七十一寿庆。由于事前两个月发出《征文事略》，讲述寿主的生平事迹，因而收到的寿言的地域范围比上一次更广。两次的寿言编成《高要陈母寿言》印行，内含文、诗、序、记、讲义、函、联、题，等等。贺者及其寿言可作大致的归类。

民国总统有黎元洪、冯国璋、徐世昌3人。

六十寿辰黎元洪贺联："绰楔风高诞麟育凤，旆坛香远多福遐龄。"

同次徐世昌贺联："绛帐传经韵锵珩珮，白华补雅气扬兰馨。"

北洋政府总理有梁士诒、王宠惠、靳云鹏、段祺瑞、熊希龄5人。

前清尚书、总督、巡抚、将军，民国部长、省长及其相当级别的其他显要官员、人物有梁敦彦、阎锡山、叶恭绰、马叙伦、张嘉璈、周自齐等百十人。

社会名流有康有为、郑观应、孔令贻、孔德成等百十人。

著名学者有林纾、严复、陈垣、梁启超、黄节、傅增湘、潘飞声等几十人。

陈焕章的进士同年、万木草堂同学和其他亲朋好友，超过100人。其中标明高要籍的有，表弟苏志纲偕男曾贻（贺联）："传经推寿母、卫道有真儒。"

世侄梁赞燊、吴远基（贺联）："贤母生哲嗣，教尊东鲁，日月经天，六一成名由画荻。宝婺焕祥光，寿宴西池，春秋不老，三千客集共称觞。"

世侄陈德彬孔昭浦（贺联）："尹母以善养代禄养，陶母唯义高获寿高。"

中国少数民族人士有蒙古族和满族6人。

华侨多人。

外国人士有朝鲜4人，日本1人。美国2人，其中前驻华公使，加利福尼亚大学教授卫理的英文祝函称："非徒颂其高寿，尤颂其为世界生一贤子。"英国2人，其中剑桥大学教授翟理斯祝函题："延年益寿。"结语："我今发愿向天矢，我所愿兮学孔子。"牛津大学教授苏慧廉祝函称："最堪敬重如君也。"德国卫礼贤1人。

李蓬仙出身平平，但资质不凡，从青年开始虔敬孔子，希圣不懈，社会精英誉其"诞麟育凤"，教养出进士中的博士、博士中的进士这样的英才，所蕴含的意义，今天实在有待深刻发掘、认识。

风俗 鼎湖

鼎湖区千百年来一直是低塱水乡,绵延的山脉又分布着山村岭寨,社会习染,岁月留痕,难免沾山带水,习以为常。尽管随着现代化的推进,不少习俗已经褪色甚至湮沉,但是仍有个别色彩鲜明的礼俗、风物可以追根溯源,作为人文的寻绎。

特色风情

疍家船上办喜事

生活在西江边的水上居民历史上称为"疍家"。他们世世代代在水上营生劳作，在船上安家，嫁娶自然也在船艇上操办，仪式、礼节、信物、行事方式都表现出浓重的水上色彩。家有男子未聘，就在艇梢摆放生长着的盘草；有女子未聘，就在艇梢摆放盘花。用意在于征求媒妁行聘。婚期前3天开始，男女对象回避见面。双喜当日，张灯结彩，多船合拢，灯光照耀，一片热闹。吉时一到，鞭炮齐鸣，"好命公"伴着新郎登上花舟，驶向新娘的红船，按仪行礼，把新娘接过花舟，往回轻驶。新娘登上主船拜见家公家婆，然后与新郎一同拜祭祖先。到傍晚时分，亲朋戚友驾舟赴宴。筵席上无论菜式多少，总有一款"芋头扣肉"，是由主家女尊长亲手烹制的，特别丰盛。场面欢快热烈，直到深夜才散去。目前水上居民绝大部分已经上岸定居，生活习惯已经与社会趋同，但是在婚俗上仍然保留着某些古老传统。

中秋之夜烧番塔

鼎湖区乡村和高要市、端州区的乡村，有在中秋夜"烧番塔"的俗例。参加者全部是男性青少年。他们自由组合，备足砌筑的残旧砖瓦、石块和柴草燃料，选择村中空旷的地方，动手垒起塔墙，收敛成底宽顶窄的塔型，腔内中空，塔身和塔顶也都留空。塔型有大有小，视材料和燃料而定。年龄18～20岁的青年垒大塔，12岁左右的少年垒小塔。大塔底直径可大至2～3米、高3～4米，小塔底直径1米、高1.5米。垒塔成型，即在腔内点火，顿时烈火熊熊，火舌上冲四窜，不待火势减弱，边持续添柴加草，边同唱"番塔歌"，边燃放鞭炮，全场通红，火光冲天，气氛热烈。尽兴之后便合力把塔推倒，然后散去。中秋节青少年的这一特别节目曾经一度沉寂，但近年又在某些地方恢复，唤起人们的记忆。

客家山歌情真挚

区内凤凰镇的九坑山区和其他讲客家话的村庄，历来有用客家话唱山歌的习惯。山歌的内容丰富，感情真挚，生活气息浓厚，声调动听。选录几首可见一斑。

《凤凰歌》

你叫我唱我就唱，唱出日头对月光，唱出麒麟对狮子，唱出金鸡对凤凰。八月十五耍月花，又无槟榔又无茶，青山红茶正笔目，南海槟榔正浪花。蜜蜂采花南海转，好花不怕路途长。

《天光》

尔盼天光天未光啰，打开大门望月光。尔往夜有夫就夜间短，今晚无夫夜间长。

《老妹走路》

老妹走路尔莫拣快，放慢两步等埋捱。阿哥有嘢同尔讲，喊尔老妹嫁奔捱。

乡村贺中秋烧番塔

风俗鼎湖 FENGSU DINGHU   人文鼎湖 REN WEN DING HU

客家风情

建房旧俗："丁财富贵一齐来"

"丁财富贵一齐来",祝颂词中庆新居。在鼎湖,建房从奠基到落成,事前一般请风水先生看宅地、定方位,希望家宅能集"阴阳之交"、"藏风聚气",然后择吉日(包括兴工、行墙、安门头、上梁、进宅等日期)。建房一般有四次仪式,以升梁和入伙仪式较为隆重。动土之后就可随时兴工,兴工时,标贴一红纸,写上"兴工大吉"、"姜太公在此,百无禁忌"等语。上香和燃放鞭炮后,泥水匠可开线动工。兴工之后是安门头、梳山、上梁等工序,主家均要请建筑师傅"饮宴"。安门头要在门头板两边(砖木结构门头多用木板,混合结构多用水泥板)压一块红布、两个铜钱和一叶扁柏象征生财和长寿。升梁时置一红布及两串铜钱悬于正梁上,也有喜庆和发财之意。是日宴客,称"饮升梁酒"。现代建筑多为混凝土结构,无梁可升,多改行"封顶酒"。新屋落成,进宅称为"入伙",在新宅宴请亲友,称"入伙酒"。客人则送"乔迁之喜"镜屏等物,以示庆贺。砖木结构的住宅屋梁正中设一小孔,名为"龙口"。入伙这天,道士在屋顶作法和唱颂语,高唱"宅主公,要丁之(还是)要财,要丁丁又有,要财财又来,丁财富贵一齐来"等吉祥语,并在龙口抛下"背带"(背孩用品)、童衣、果品等,祈求家宅平安、多子多福;在梁上向四周抛下"煎堆"等果品,让众人捡拾,名为"抛梁"。改革开放后,人们生活水平提高,建筑多是新式楼宇,建房习俗渐趋简化,但"入伙酒"仍相当盛行。

蕉园村龙溪书院

人生礼俗：红白诸事有讲究

婚礼风趣

祭金鸡出阁 举行婚礼当天，如小弟或小妹早于大哥、大姐结婚，要给大哥大姐送2条裤子置于门头之上，表示跨前结婚之歉意。迎娶时，男家备彩舆（花轿）鼓乐迎新娘。到新娘家后，女兄开遮（伞）阿嫂撒米，名为"祭金鸡"，随即鼓乐、鞭炮齐鸣，将新娘送走。

新娘轿门先轻踢 花轿迎至男家由新郎轻踢轿门，大妗（新娘大嫂）背新娘入新房，入房时新郎用纸扇柄敲（或用手掌轻压）在新娘头上，有让"新娘日后听教听话"（顺从新郎）之意。随即鸣炮鼓乐。然后拜堂，由伴娘背着新娘到家族每家焚香参拜，鸣炮伴之。再由家长率新郎、新娘至祖祠或祖先供奉处行拜祖礼，然后拜见翁姑及长辈，奉上香茶，翁姑及长辈要给新郎、新娘红包以作见面礼。新郎要给新娘弟弟送舅仔鞋（喻郎舅和谐）。礼毕，即大摆筵席，宴请亲友。宴席间，新郎、新娘由姨娘及家长陪至每席向亲友敬酒、献茶、赠糖烟作拜见礼。民间还有"玩新娘"的习惯,献茶时,有出四句(打油诗句)要新娘跟着背诵的,有出节目为难新娘的,如新郎、新娘同咬一枚橄榄。玩罢,部分地方有新郎与新娘抬猪头祭灶的礼仪。然后回房行合卺礼,俗称"食暖房饭",取其"幸福美满"之意。

回门礼品必备整蔗两株 回门时,备金猪、鸡、鹅、酒礼、蔗(两株连头带尾的甘蔗必不可少)随新娘入娘家行谒祖礼,并拜见岳父母及女方亲属。岳父母设宴款待新婿,酒宴毕,由女家族人送行,至男方兄弟相迎的地方,双方见面互敬果饼、槟榔后互相道别。

生育风趣

唔知羞饮鸡酒 新生婴儿出世,主家便向亲友报喜。婴儿未满月,产妇不出家门,称"坐月",邻居不许进产妇房内。习惯煲姜醋红鸡蛋给产妇吃,分送邻里亲友。婴儿满月这天,由母亲背婴儿回外婆家,外婆备小裙、孭带(方言)、鞋帽、披风、褛被、鹿椅(一种有围栏的椅)等物陪同回家,拜天敬祖。当天设满月酒,俗称"鸡酒",宴请女性亲友。旧有"唔知羞饮鸡酒"之说,意即男人多不参与,今已不论。亲友贺礼送鸡、米、酒、肉、柿饼、婴儿衣服或布料,宴罢主家回送鸡腿、米及红包给亲戚,事后还要送"生头鸡"(小鸡)一对答谢,意为多子多福。凡生了男孩的人家,于次年农历正月十五开灯。主家把灯笼挂到祠堂及村头,并献酒一埕。有的还摆酒设宴。

做寿风趣

做寿 俗称"做生日"。习惯男性自60岁开始,女性自55岁开始,每年一庆,十年一大庆(大生日)。旧俗老人寿辰这天,设寿堂,点红烛,老人正坐堂中,子孙及亲友齐集一堂祝贺老人健康长寿。拜寿后,老人给儿孙分发红包(利是),设寿宴欢庆。岳父母生日,女婿送红烛、鞭炮、寿面、寿桃、寿饼和衣服、帽子、鞋袜等物,祝愿岳父母长寿百岁、生活无忧。20世纪80年代后,城镇居民办生日、贺寿,祝寿者多送鸡、鹅、寿面、酒、猪肉、生日蛋糕或寿金。城镇亦时兴为小孩做生日,父母、亲友送生日蛋糕或纪念品。

喜庆的日子

丧葬俗例

黑字灯笼告终 死者弥留时,家属将其从寝室移至厅堂,按头朝里、脚朝外放置,子女则环立周围,谓之"送终"。既死,则陈尸厅堂,门前挂白,富者门前悬挂两个灯笼,用黑字书写"某府XX有余(岁数)"字样。厅堂红色的东西要卸下回避,以示悲痛。晚辈亲属披麻戴孝,散发赤足,席地食饭,用匙而不用筷子。死于家中,可陈尸宅内;若死于村外,棺木不得进村,停放于村边丧地。

站门前报丧 报丧人至亲友家,不入家门,只站在门前(白事不进别人家门),将死讯告知亲友。闻讯,亲友往丧家送鸭、猪肉、祭帐或花圈、白布被、香烛等祭品。死者的小舅则送龙眼干、荔枝干、糖饼、果蔗等敬奉死者灵位。

立灵守灵 死者殁后,家人为之"立灵",灵牌(神主牌)写上死者姓名、生卒年月。孝子及近亲好友守候灵堂,亲友前来吊唁,孝子跪迎跪送,女眷吊孝,跪地哭灵。

祭帐先行鸣锣开道"出山" 由亲属持花圈祭帐先行,鸣锣开道;孝男长子披麻戴孝,手持幡竿,腰系麻带,由两人扶持为前;其余亲属按亲疏关系,先男后女(近亲女子戴白头盖)依次随行,哭泣送葬;仵作抬棺尾随,沿途撒纸钱、丢香烛、燃放鞭炮、敲打铜锣、奏哀笛。亲属送到大路口或村边辞孝,男近亲赤足送到墓地。从前如死者是乡绅或名望高的人,沿途受到族祭或乡祭,孝子要在灵像前跪谢,俗称"摆路祭"。若死者是未成婚的,只能冷冷清清"一槌铜锣到山"埋葬。

白事食斋 丧葬礼仪称为"白事",丧家接待亲友,必以素食,谓之"食斋饭"。葬后的当晚才可食荤菜,俗称"花红酒"。

风俗鼎湖 FENGSU DINGHU

人文鼎湖 REN WEN DING HU

古榕树下的孩子们

传统节诞：那些传承数百年的节庆

二十八洗邋遢

农历十二月二十四"送灶君返天"是春节的初始，这一天开始家家户户打扫房屋门窗。十二月二十八"年二十八洗邋遢"，至这一天要清洗好衣被、搞好个人卫生迎接新年。其间，家家户户准备年货，包制裹蒸、炸油角、煮煎堆。除夕俗称年三十晚，住户门前贴上红春联，室内张灯结彩，张贴吉祥物，摆设盆橘、鲜花，当晚吃团年饭，全家围坐守岁，尽享天伦之乐。是夜零时零分，万家鞭炮齐鸣，喻意"辞旧岁"、"接财神"。大年初一不扫地、不洗衣、不杀牲，这一天的俗例是开展文体活动，串访亲友，长辈向平辈、后辈派红包。年初二"开年"，宰三鸟、备生菜生蒜以祀神，祈求风调雨顺，取生财好运之意。

正月十五"偷青"

正月十五为元宵节，建国前流行"偷青"活动。是日入夜至黎明前，未婚青年三五成群或独自一人到菜地里把自己认为最青绿最"钟意"（喜欢）的蔬菜采摘回来（不必是自家菜地的菜），名曰"偷青"，是夜不少青年男女借此嬉戏和示爱。

拜"新山唔过二月二"、四月八"鬼门关"

清明节日，家家门前插柳枝，部分人备鸡鹅、烧猪、酒果等到祖宗坟前铲草培土，烧香烛纸钱和燃放爆竹，拜祭祖先，俗称"拜山"（是日祭祖为拜"正清"，俗称"行清"）。扫墓期从春分到农历四月初八，俗

包裹蒸粽

说"四月八,鬼门关",鬼门关后不能扫墓。上年四月初八后埋葬的"新坟"要在农历二月初二之前祭扫,叫"新山唔过二月二"。如今,许多村里外出务工人多,资金筹集困难,因而拜祖扫墓多以户为单位,以房系拜祭的为少数。机关团体和学校组织青年、学生到革命烈士墓碑前敬送花圈,缅怀先烈,借以进行革命传统教育。

端午节

当地习惯称农历五月初五为端午节,但附近和区内有个别村落在初一已开始节日活动。民间习惯以山芒叶包糯米粽,以碱水粽为多,用于炊熟食用及馈赠亲友。各家各户门口插上柳枝。初二日沙浦东江、沙洲、典水一带都有赛龙舟的习惯,各家各户大摆酒宴盛情邀请村外亲友来过龙舟节。众人到江边观赏赛龙舟,双手洗龙舟水,回堂屋品尝裹蒸等各式粽子,以及可口的本地菜肴。各村乡人喜带子女到江河边游泳或洗浴。相传洗了龙舟水可预防皮肤病、能逢凶化吉。

重阳节登高

建国前后，居民都有重九登山、郊游的习惯。20世纪80年代后，重九登高、郊游的人越来越多，出游时间越来越早，传说天亮后回家可以避邪。人们多登鼎湖山和烂柯山，九月初八晚开始上山，曾创下10万人的纪录。重阳节被定为"敬老节"，机关单位设宴款待长者以示敬重关心。有的孝子贤孙会给长辈馈赠礼品，或邀请父母一起郊游，共享天伦之乐。九月初九，沙浦二村家家户户还会宴请亲友，越多人来主人就越高兴。

观音香会三个十九

农历二月十九为观音诞辰，六月十九为观音成道日，九月十九日为观音出家日，统称"观音香会"。民间有观音送子的说法，每逢观音香会时，各家各户购买祭品（猪肉、烧肉、烧腩等）焚香烛祈求多子多福。

康爷诞

农历七月初七，砚洲各村民摆祭品、焚香烛，以纪念先贤，宴请亲戚朋友共祝福寿康宁。

公太诞

农历八月十二日为太公诞，又称何真人诞，桃溪各村民摆祭品、焚香烛，宴请亲戚朋友，以纪念先祖何真人。关于何真人的故事已记在后文《桃艳溪淌秀桃溪》中。

苏真人诞

　　农历四月二十日为苏真人诞辰。苏真人原名苏华林，是坑口蕉园村人，年轻时与附近村姓何、姓白的同乡三人奔赴武当山学法学医，学成后回来为村民治病救灾，为人乐善好施。在真人仙逝后，村民募捐建了苏真人祠，求其保佑风调雨顺，国泰民安。是日，蕉园村民摆酒设宴，鸣炮焚烛以祭祀。四方亲友云涌而来，村中热闹非常，人来人往，群狮起舞，戏台高筑，古乐和鸣。

"官三民四疍家五"灶君诞

　　在农历十二月二十三、二十四、二十五日，有"官三民四疍家五"之说，即官员二十三日祭灶君，百姓二十四日祭灶君，疍家二十五日祭灶君。是日，各家晚间以糯米粉做糖煎糍摆在灶君前，烧香烛祭拜灶君，祈求灶君上天说好话，言好事，保一家康泰。

蕉园村苏真人祠

古村 鼎湖

西江两岸，鼎湖山麓，散布着许多古老的村落，如『一字基础耙齿巷』的桃溪村、草莽繁茂的夏岗村、绿水环绕的泮逑村、物产丰足的莲塘村。古树深巷，积淀着古宅、古祠、古亭、古井，寻幽探胜之中，风貌千情万种，郁郁人文，沛然感受。

古村鼎湖 GUCUN DINGHU 人文鼎湖 REN WEN DING HU

桃艳溪淌秀桃溪

　　桃溪古村控握着西江羚羊峡的滔滔清流，紧倚端溪砚石名岩，稳占山灵水秀的形胜之地。清代文行卓著，被《清史列传》、《清史稿》收载入《文苑传》的西江历史名人彭泰来在《桃溪白水崖》一诗中长吟："连山莽莽从西来，长江一擘峰峦开。江奔峡断势不住，却立半壁仍崔嵬。"元代著名诗人范梈在《肇庆李知事会别至峡山阻风因以怀李》诗中又吟："出峡江始放，迢迢波浪敷。仰天觉形全，俯地会心娱。"一个着眼西江把峡一擘成双，冲峡而出奔腾澎湃；一个远观峡开江放，

水乡人家

微波迢迢，水面连天。两相观照，天际地表，尽摄眼底。得名于端山砚岩之上的桃树、桃花的桃溪村，有着许许多多诱人探寻、品味、追忆的自然和人文。

桃溪归属肇庆市鼎湖区沙浦镇，聚落规整，依傍名山、胜水，盛产名贵的端砚石，环境宜人，是一处带有浓郁的田园气息的村落。村民有500户，2600多人，平畴几千亩，是鱼米之乡，属生态文明村。主产粮食、塘鱼、香蕉、芡实、粉葛，经济逐年发展，正在大步迈向小康。

"一字基础耙齿巷"

全村聚落特色鲜明。民谣描述说："村前是西江，村后是山冈，一字基础耙齿巷。""一字基础"表示地台平正，房舍地基整齐划一；"耙齿巷"是说里巷的布局像农具铁耙那样，一齿一齿并列。全村有36条南北走向的里巷，每条小里巷口都有牌楼或牌坊，覆盖着飞檐陡脊。里巷名称包含丰富的历史文化气息，诸如：兴仁巷、兴义巷、居贤巷、敦睦巷、孙家巷、李家巷等。里巷内一式花岗岩铺贴表面。檐周雕塑着图案，彩绘着图画。全村建筑物有8座坊、14座祠、5座厅、1座书院（学校），全部是青砖砌筑，与里巷的民居以及通道的花岗石、青砖、灰瓦浑然一体，显得井井有条。

桃溪村一角

与珠三角"沙湾何"同宗

桃溪建村的历史已有800年。人口最多的何氏族谱记载,他们与珠江三角洲著名的"沙湾何"同宗。来高要落籍的始祖何珅,字席珍,南宋庆元五年(1199年)进士,曾任肇庆府通判。离任后定居于肇庆城攉桂坊,不久在烂柯山的中屏地建住宅,命名为"化龙坊"。传至六世孙、有"贤良方正"之称的何智可。何智可因考虑中屏地狭小,遂迁移至现址定居。"桃溪何"在明清时期便已是高要县有名的族姓,从这里分支出去落户的散布在高要县内各地。而"桃溪"这一村名中的"桃",在本地的来历更为古老,它原是根据生产珍贵的端砚石材的桃花岩坑命名的。

"太白寻诗去，桃花带雨浓"

烂柯山区内佛油坪山坳原来建有桃山寺，建于南宋咸淳年间（1265～1274年）。"诗仙"李白留下脍炙人口的名句："桃花潭水深千尺，不及汪伦送我情。"此地的桃山寺，也曾有追攀这一佳话的雅兴。清代道光、咸丰年间（1821～1861年），名士彭泰来及与其相好的本地士子罗瑗、傅理光等人常常来到这里举行雅集。彭泰来作有《桃山寺》、《桃山寺晚饭》两首诗，载于《诗义堂后集》。吟道："太白寻诗去，桃花带雨浓。回看江北村，遥对寺门松。"诗中的"太白寻诗去"是说当年李白慕名前往游览泾县胜境桃花潭，结果写出历久传唱的《赠汪伦》这一名诗："李白乘舟将欲行，忽闻岸上踏歌声。桃花潭水深千尺，不及汪伦送我情。"显然，彭泰来当时在仿效李白游桃花潭，也向桃山寺探寻诗般的意境，激发作诗的灵感。不过，桃花潭是深水潭，桃山寺所在处却都是山腰，"桃花带雨浓"实在有一番情趣。

何真人的传说故事

桃溪村所处的地理位置特殊，开村以来的800年历史中，历经社会变迁，世事沧桑，它本身也经历了环境、村貌和人文的变化。在此期间，它为人们留下了许多丰富的历史传说和生动的故事，这些故事中包括几个被神化了的人物和事件，其中最为人们熟知的是何真人及何真人祠。

何真人祠在村东当阳处，三进（现存二进）深三开间，为厅堂式建筑。前身是开元庙，在清乾隆初年改建而成。道光二十年（1840年）、同治三年（1864年）、光绪三年（1877年）、民国十五年（1926年），先后得到重修或局部装饰，其中，道光十九年（1839年）夏季发生特大洪水，高要县境内大半堤围崩决，水灾严重，桃溪堤围险情频生但安然无恙。水退后，乡中士大夫以为这是由于受到真人"浸灵函福"所致，因此，第二年请时任御史、后官至东河总督的苏廷魁题写庙额——"真人祠"。又请来本地名士彭泰来撰《何真人庙碑》，后来又刻门联："柯岭纪仙踪，御患捍灾崇庙祀；桃源歌世德，浸灵函福切民依。"这些书迹都是上乘之作，使整座建筑物顿时增色。

这座庙宇或称庙或称祠，并不统一，反映出人们对它的解读并不一致，原因在于对庙主或祠主的身份的认定存在着差异。认作祠，就把祠主视为祖先；认作庙，庙主可为祖先也可为神祇。之所以产生这样的不同解读，就在于这位真人是本村人。

据彭泰来《何真人庙碑》记载，何真人本名何国祥，生活于明嘉靖年间（1522～1566年）的桃溪村。父亲任职长沙府经略，他曾前往探望，其间"从异人受秘篆，能呼召风雨，刻禁邪魅"，回家后，何真人仍生活在人间，最后在家中"解化"，不知去向。到清乾隆年间，乡人为他立庙供人祭祀。由于他不结婚无后代，所以桃溪村数千余人的姓何人家都把他作为同高祖、曾祖那样的亲人。彭泰来在列举了这位何真人为本乡致雨解旱、护堤防洪、灭蝗消灾的一连串事实之后，特别指出："余惟古之传五行者率附会不可信，然证之于事而准，即不可谓妄。"彭泰来之所以没有把这些所谓"灵异"之事看作"虚妄"，是因为他摆脱了俗间就事论事的窠臼，而将它归因于人事。在他看来，这些自然灾害是由于人事不正，即社会治理不善所引起的，"才而亢尚致旱，不才而亢当生百殃"。经过彭泰来这样一番阐释，这些"灵异"故事的迷信色彩被大大冲淡。彭泰来还进一步对人们拜祭这位真人的动机进行了分析，说在何真人身上体现了"人致之神弭之，致之一方而弭之一乡。弭之者亦劳矣"，这就是说，何真人"汲汲攘患于州里"，是有功劳的，人们祭祀他，就是为了慰劳他。因而"真人惟仁，以仙以神；以仙道升，以神道教"。由此看来，这一碑铭尽管也认同拜仙奉神的行为，还没有彻底摆脱迷信，但比一般的慑服于天地神灵的威福与过度迷信要有意义得多。彭泰来阐释的着重点在于彰显乡人对消灾解难者恩德的酬报，因而他所撰的《何真人庙碑》具有正确导读何真人其人其事的价值。

注重教育，培育何氏英才

桃溪村人素来有重视教育、培育人才的传统。历史上曾出现了不少才智之士。其中，进入近代以来有两个人尤为突出。

桃溪书院

何其谋（1811～1857年），字贻益，号郑野，清道光十五年（1835年）举人。历任仁化、三水两县训导，增城县教谕。在增城期间，邻县博罗发生动乱，知县患病，托付何其谋主持防务。于是何其谋连同县中士子筹措粮饷、兵力、军器，布置防御，日夜巡查警戒，以使增城不受进犯而保平安。何其谋善于作诗，著有《含清阁诗钞》，由彭泰来作序，并予积极评价。该书现在高要市图书馆有收藏。彭泰来在序中称："君诗直而温。质而不野，开拓灵府，绝雕饰。"特别是"指切事俗诸篇，有乐天讽喻遗意"。其中《〈合户〉并序》、《大良女》、《伤盗》等应是"指切事俗"，并据白居易的"讽喻诗"遗意而作成的。彭泰来在追忆何其谋"清扬玉立，秀出尘表"、才华出众、仪表俊秀、诗作出色之后，为他不到47岁便早逝感到惋惜，为他不能多为诗坛献出佳咏而抱憾。《含清阁诗钞》中还有一些吟咏本地风光、风情以及反映第二次鸦片战争的诗篇，其中有涉及桃溪村的，都有欣赏的价值。

何照轩（1868～1942年），同盟会老会员、辛亥革命志士。自幼贫寒，光绪年间被"卖猪仔"到马来西亚，侨居此地长达33年，起初做苦力，后来经营商业积累了资金，在怡保埠开设谦益金铺，营业有成。后因商场不景气，无法继续营业而回国。

当年孙中山在南洋宣传革命，何照轩积极拥护，每次为革命募捐时，他都尽力奉献。辛亥革命胜利后，孙中山就任临时大总统，授予何照轩二等嘉禾勋章，连同其他奖章、勋章，他共获4枚。

热心公益、乐善好施的义举使何照轩一生受到称道。在马来西亚期间，他善行突出，被英国殖民政府委任为怡保、大吡叻太平局总裁，殖民政府居民局秘书处于1925年1月1日以第六号公函通知他任职，因此他回国前还一直担任着这些职务。他在怡保的谦益金铺,宛如桃溪会馆,热情接待从国内到来的同胞、同乡。有时,他还亲自为他们介绍工作,遇到有人回国路费不足,他慷慨解囊,使之成行。谦益金铺兼办侨汇部,方便同乡汇款回家。他在家独资创办新式学校,全部免收学费,还设奖学金,奖励成绩优异的学生;村里的佛庵日久失修,众尼修书远寄马来西亚求助,何照轩汇足款项供修缮竣工。众尼为此特设长生禄位为他祈福。

何照轩回乡后仍然一如既往、尽心尽力、想方设法为本乡谋福利。有一年受灾失收,一般村民生活难以维持,他倡议集资往广西购米回来平粜,使贫苦村民度过荒月。他还通医术,从不收费,遇到患者无钱取药,他还贴钱使之得到救助。

桃花岩,桃溪水,桃溪村,桃溪人,山水环境陶冶而成的善心良德,也像当年桃花潭畔的"诗仙"那样,为美好的生活而付出深情。

双龙出海振夏岗

夏岗村西距肇庆市鼎湖区永安镇2公里,坐落在冈麓上,背倚绵延的冈陵,面对着浩荡的西江。在过去低洼地带长年积水,像湖泊、浅海的日子里,人们把本村绵延而来的主冈比拟作"双龙戏珠",又形象地比拟作"双龙出海"。由于龙蟠、龙腾、龙跃,势头难以捉摸,需要设法"银链锁金龙",于是村人根据这一玄机,着意对村子进行布局和营运。

腾龙门镇双龙跃

全村呈椭圆形聚落，房舍沿冈麓循坡构建。传统的房舍样式是单间砖木结构，其中有一座多间的镬耳屋。新建的房屋则为通行的三四层的钢筋混凝土楼房。公共建筑有吴氏大宗祠、宜佐公祠、九峰武术会社、书室等等，供日常活动使用。

据传，这里原来称为"姚家岗"，因为村后的山冈上树林葱茏，草莽丛集，常年像夏季那样茂盛，因此逐渐定名为"夏岗"，姚家岗这一名称便不再使用了。目前全村有1000多口人，有吴、朱、何、周、林、罗、陈、黄等姓，其中姓吴的约过半数。据吴氏的族谱记载，南宋咸淳年间（1265～1274年），进士吴琏任广州府属官，定居于南海县水藤村（今属顺德区）。他们的裔孙吴信生子二人，长子德广世居水藤，次子明广于元末明初迁来这里定居。他们看好这里藏龙的地势，建起"腾龙门"，以稳住神龙，阻止它在本村、本乡闯祸。他们与先后定居在村内的其他姓的乡亲和睦相处，保持着团结互助的传统，世世代代传述着本村、本乡的神龙传说。

春耕

丰收的喜悦

晒谷场之歌

远古遗存溯龙渊

30年前发现的石器时代的遗址、遗物表明，他们生活的地方，几千年前就有先民繁衍生息。20世纪80年代，村民在山冈上捡获一些散落的石器和陶器碎片。经广东省、肇庆地区和高要县的考古和文博专家勘查，根据收集到的蚬壳、夹砂陶、石锛、石斧等器物，初步判定这是新石器时代晚期的遗址。这些遗物后来被运回、保存于省文博部门。遗物与同时期的鼎湖区龙一蚬壳洲贝丘遗址、高要市金利镇茅岗水上木构建筑遗址所出土的贝类遗存相同，表明这一带属西江濒水区，当时的居民以水生动物作食物。

夏岗村背倚山冈，面向低洼之地，这是由于鼎湖区濒临西江地带常年积水而造成的。在没有机械和电动排灌设备以前，低洼地积水不干，夏秋季节水深不退，一般稻种是经不起淹浸的，只能散播称为"大禾"的特殊稻种，大禾即深水莲，可以在水深1~2米的低洼田生长，不怕水淹，随水涨而长高。不过大禾产量很低，一般亩产只有80公斤左右。尽管产量低，但能在水淹的情况下取得收成，总比颗粒无收要好，从而在当时能解决夏岗村民果腹的同题。由于水面宽阔，村民因地制宜，实行水面养鸭、水底撒播大禾的耕作制度。直到20世纪60年代初建了电动排灌站，电站能及时把低洼积水排放出去，夏岗村面貌才得以完全改变。正如现在见到的那样，这一地区田连阡陌，多种作物竞发，一派欣欣向荣的景象。

"金耳环落入母鸭肠"

由于养鸭是传统的行业，所以在夏岗村里关于鸭的话题不少，其中就有一个唤作"金耳环落入母鸭肠"的故事。话说夏岗一个姓吴的女子因家庭穷困，被卖到相隔不远的牌楼村一家富户做婢女。富家女梳妆时将一只金耳环掉落地上，被寻食的母鸭吞进肚里。富家女找来找去寻不见，竟然诬说婢女吞进肚子了。婢女恐慌，逃回家。不料，她母亲竟然威吓女儿返回主人家。半途中她只得躲在挖空的旧坟穴里，梦呓中说起"金耳环在母鸭肠"。那家富户听说后就把母鸭杀了，果然在肚里找到了金耳环。李家觉得这个生自夏岗的女子说话十分灵验，于是把祖宗的遗骨葬到她曾躺过的坟穴里，期望能够福佑子孙。后来，李家果然得到福佑，子孙有人高中了进士，于是衍生出一个佳话："梁状元去了，李进士又来。"这一说法至今仍在永安乡间流传着。

夏岗地处西江丰乐围的险要地段，镬耳湾、波罗窦都是容易出现洪水险情的地方，属下的成千亩水田是低地中的低洼地带，长期受到水淹的威胁，收成难保。不少人家要外出谋生，有的去了香港、广州，有的则流落到国外。而留在原地的村民坚持重视文化教育的传统，兴办教育，注重文化建设。故此，在科举时代，该村屡有人获得功名，清代便有吴炳南、吴调政、吴镜蓉等，或中了举人，或成为贡生。

朱子故乡崇教化振民生

在获得成功的人中，吴鹗堪称代表者。吴鹗，字秋浦，一生勤勉善思。年轻时在县内入学受教，并遵行士子的规制，为本地效力，劳绩出众，按惯例他被起用为县丞，派往安徽供职。由于政绩考核优良，得以升迁正职，初期代理含山县、泾县两知县。后升代理和州知州。经考核、保举，被正式任命为婺源知县。在婺源任职9年期间，他全力投入县政，推行一系列发展农业生产的措施、办法，成效显著。例如，他创设蚕桑局，大力倡导种桑养蚕，并且亲自下乡督导，收效迅速，增加了当地百姓的收入。他在民政方面又创设惠民局、戒烟局，改变县民的不良嗜好、恶习，救助困难民众，因而"婺人德之"。又大力倡导和开办文化教育事业，自己领头捐俸兴修紫阳书院、朱文公祠，起到带动作用。朱文公是南宋著名理学家朱熹的谥号，他是婺源人，而"紫阳"则是他在福建崇安居留时的书室名号，吴鹗兴修紫阳书院和朱文公祠，体现了他对朱熹以及理学的尊崇。吴鹗在朱熹故乡做父母官长达9年，也就等于三个任期，这是少见的例子。"一县父母官，九年勤操持"，由于政绩卓著，后调往大县阜阳任知县，挑更重的政务，可惜不久他便去世。吴鹗还喜好著书立说，著有《惠民纪略》、《火药图说》、《蚕桑图说》等。这些书都是对自己从政实践的概括和总结，具有很强的实用价值。特别是后两部属于自然科学著作，这又是过去所谓士大夫们不愿涉足的领域，因而更显得弥足珍贵。

泮水泽长润泮迳

　　泮迳村村落不大,只有几百人,但其历史悠久,该村在南宋时建村,至今已有近800年的历史。今天,这个名副其实的古老村庄焕发出新的风貌,紧跟时代的步伐,发展特色农业,建设生态文明村。从鼎湖区永安镇驱车向北出发,经过2公里的短程,穿越低平的冈坡,眼前便是泮迳村。这里绿水环绕,树木夹道,竹影婆娑;房舍鳞次栉比,巷道规整布列,外围果树满冈,池塘菜畦连片,一派宁静安详的氛围,令人怡然自得。

　　这里的村落居于台地之上,依傍几座低矮的冈阜和延伸的水面而布局,冈与冈之间的过渡处村民称之为"坑",按"坑"所处的部位而区分为坑口、坑心(中)、坑尾,所形成的聚落地也就相应称为良诞坊、高楼坊、鳌头坊。倚冈坡而构建的那个聚落另称为"黉门楼",村里所建的书院命名为"鳌头书院"。

泮水长绕仰鳌头

村史代代相传说，村里有山有水，山是依傍，水是血脉，泮水长绕是命脉。这种情形下，如梁氏宗祠永锡堂的楹联所称的那样："夏阳声威远，泮迳世泽长。"梁氏是这一带的大姓。永安墟旁的钟文坊，依坑村委会内的豪元、龙布、中布自然村，以及歧洲村委会和甫草村委会内的一部分，居民都姓梁，而且他们都源自泮迳。"泮迳"这一村名取自泮水，而泮水又是泮宫的一个组成部分，泮宫又衍生出黉门、鳌头、高楼、良诞。如果沿着这些村名、水名细细寻绎起来，就可以体味到本地人对文化、教育的热衷。"泮迳世泽长"这句话就意味着，世居泮迳本村的族人乃至分居外处的宗亲有崇文好学的优良传统。这是因为，在古时候，"泮"是学宫内特设的水体。在古代学宫里，西南面开设水体，东北面建筑墙壁，形成"一半有水，一半无水"的格局。明清时代，盛行科举取士制度，府、州、县的学宫别称泮宫，而得入府、州、县学的生员便被称为秀才，雅称为"游泮水"，或简称"游泮"、"入泮"。村内那些"黉门"、"鳌头"的命名，就与"泮水"、"泮宫"直接有关。"黉门"指的是秀才进身的地方。"黉"是古代的学校，在明清时代特指府、州、县学。"鳌头"指科举时代的状元，中状元雅称为"上鳌头"、"占鳌头"，有时，对中进士后得进翰林院供职也用这个雅称。这都反映出在科举制度之下，人们都热衷于读书求功名，期盼着能取得最顶尖的名位。然而，实际上能够真正考中状元、独占鳌头是很困难的，因为每科就只有这么一个名位。

古巷深处有童声

人文鼎湖
REN WEN DING HU

文脉绵延八百年

　　村里最早到此定居的梁姓的祖辈中，进士、举人、贡生代有其人。据其族谱记载，定居于泮迳的梁姓始祖，名吁，字克健，号耐庵。约在南宋孝宗至理宗年间（1163~1264年）从肇庆城迁来，距今已经七八百年了。不久后，迁居钟文坊的梁世英在南宋咸淳年间（1265~1274年）中了进士。进入元代，朝廷不重视科举取士，本地相关的记载较为少见，明朝建立后，经最高统治者的倡导，科举制度得到充分发展，泮迳村参加科举考试以及中试者比前代明显增多，先后有多人考中了贡生、举人。梁廷壁是明嘉靖年间（1522~1566年）的贡生，曾任马平教谕。梁昌胤是天启四年（1624年）举人。清朝前中期，科举取士制度进入鼎盛阶段。梁昌运是康熙四十二年（1703年）举人，曾任新宇县训导。两年后，梁殿鼎也中了举人，曾任海阳县教谕。至于泮迳村考取贡生的人数则更多，据宣统《高要县志·选举》可知，在康熙、雍正年间，获得贡生身份的就有梁登胤、梁泓猷、梁上拔、梁翘成、梁树容，这还不

包括移居在外的人，可见泮迳村人在帝制时代读书、参加科举考试并获得功名的成就十分可观。它表明，在这个并不算大的村庄里，人们崇文好学的风气十分浓厚，虽然只有二三百人口，古时就建有较具规模的鳌头书院，随着时代的变换又将它改建为正规的小学——永锡小学，使本村子弟的教育赶上了时代的潮流。

古村泮迳经历了七八百年历史的风风雨雨，积淀了厚重的人文素养，形成了富有人情味的民俗和习惯。当前，它又制定了建设生态文明村的具体目标，大力发展高效农业，加大科技含量。现在，该村周围的山冈已遍植优质水果，鱼塘放养着高回报的水产品，全村一年四季掩映在绿色的环境之中，显示着古村正沿着科学的轨道发展，向着幸福社会迈进。

田广物丰在莲塘

> 称为莲塘的地方各处都有，但是并非都与莲、藕或荷花有直接的关系，有的地方只是因为有着某些形似或者其他的偶然因素而得此名。葫芦山风景区南面的莲塘村却是真正地坐落在宽广的莲塘之上的，该地莲叶亭亭玉立，荷花争妍斗艳。其聚落的分区布局又似藕枝四散，极富莲荷之意蕴。

莲塘属肇庆市鼎湖区莲花镇，一贯以村落大、农田广、人气旺、物产丰、位置适中而名声远扬。早在清代，高要县内就流传着关于大村落的谚谣："三岗两塘，大过一个小县。"是说境内的睦岗、黄岗、腰岗和上莲塘、下莲塘5个村落累加起来，人口比一个小县还要多。这5个村落目前分属高要市、肇庆市端州区和鼎湖区。其中，睦岗、黄岗、上莲塘已经发展成为镇，只有腰岗和下莲塘仍然保持村的建制。下莲塘就是本文中的莲塘村。它的"大"不仅指聚落的面积、范围广阔，而且包含人口众、土地多、物产丰足。

　　莲塘村在建国后一度拥有上万亩的耕地，以及周边地带连绵的山地；人口有四五千；年产稻谷几百万斤，粮管部门在村内设有粮站，村内的粮谷就地送进粮仓；塘鱼、鸭、鹅、鸡、猪、藕、杂粮、蔬菜和水果的年产量也十分可观。村内常设有莲塘市，这个"市"是与墟同列的集市，只是没有墟日，天天如常营业，食品、饮食、日杂、百货、药品、邮电类店铺、站所常年开业，俨然一个衣、食、住、行、文化、教育、卫生设施完备的居民区。

原来是莲浦！

  远远望去，莲塘村聚落呈块状，但其间分隔，依地形、地势作藕枝四散状结构，或者说像叶面的叶脉状分布，因而既不是完整的块状，又不是纯粹的条状，呈现为由二者依脉串联，形成聚落平面的特征。这样的构成避开了小区之间以及房舍之间过度密集的缺陷，保留着一定的相隔空间，从而使聚落虽大，却并不显得拥挤。由于聚落布局因地而成，所以从"莲塘十六坊，坊坊十六人"开村开始，经过六七百年的发展壮大，至今仍然错落有致，空间分布合理。

莲塘村有谢、陈两姓，谢姓人口占了大半。由于水体相通相接的地方往往称为"浦"或"浦口"，故该村原来的名字叫做"莲浦"。这个"浦"字蕴含着历史地理的意义，追溯起来可以寻绎出历代水流和交通的演变，描摹出莲塘古村历代生产、生活的图景。《水经注·浪水》记述，西江与北江交汇处曾有一个"四会浦"，但这一记述十分简略，没有提到绥江，更没有提到大沙河（青歧水）。据推测，在古代没有堤围的时候，这一带在水盛季节理应是相汇成片的，因此它有可能就是"四会浦"的一部分。关于这一点，可通过与地方志的记述比照而明了。明万历《肇庆府志·地理》和清宣统《高要县志·地理》记述说，在今莲花镇和永安镇的水流曾有横槎水和贝水。横槎水在明代称为古婪水，源自鼎湖山以东的山脉，有东西二源，东源流程较长。从罗坑迳即莲塘迳、大迳出山入塱，流入莲塘村地带。西南流至横槎出西江。直到20世纪50年代末，兴修了水库和环山渠，山水流向才发生改变。贝水流经四会和鼎湖，南流至贝水墟出西江；横槎水较大，明代时船行至横槎，可与横槎渡衔接，驶入西江后再行上航、下航。贝水也可行船，但由于河道窄、浅，故只可供小船航行。横槎水故道现在仍可通航，如果从横槎涌逆向行船，行经永安镇的新围、撑耳、西汪、大塱、歧溪，直驶莲塘，那么可以见到沿岸挺立着高大的水柳，涌水平缓，当日航道宛然在目。在古代水源充足的时候，从莲塘撑船或划艇顺流而下到横槎，不会花费太多时间。在那里可以换乘定期客船抵肇庆，至于货船更是上下通达。在肇庆则有常设的横槎渡码头供船只停泊和客、货上落。明万历进士、官至户部侍郎、翰林院经筵讲

人和家兴

官、文名隆盛的高明人区大伦赋有《宿横槎渡》诗：

　　日落端江晚，维舟倚岸新。
　　自多临泛意，不负水云身。
　　野火收残市，寒潮下暝津。
　　明朝溯洄去，应访武陵人。

诗中的"端江"即指西江。"津"是渡口，这里指的就是横槎。"野火收残市"是说这里的集市入暮散去，点起了置身村野的火光。末两句意思是，第二天早上溯流而上，就像陶渊明当年《桃花源记并诗》所写的向武陵渔人探访桃花源所在那样，问明线路的走向。显然，这位学识丰富的名人对上溯横槎水，直访源头兴致浓烈，甚至为了探访本地的"桃花源"，不惜在水口的渡船上留宿一夜。可见，横槎水道曾经具有怎样的吸引游客的魅力。

　　同时，横槎水道的两岸又有平整的道路，可以通行至莲塘，然后转往四会或向东前往三水。抗战期间从事贩运的商队和各种旅客经由此道来来往往，一度十分兴旺。

歧溪、大塱以下，至今仍然有人利用这条道路来往广利。而沿着北岭山、鼎湖山脚，历代另有驿传和邮递官道。明万历《肇庆府志·建置》记载，邮递每十里设一铺，肇庆的东路经过水基至山田直至监津铺接四会的罗坑铺。据此可知，监津铺理应在罗坑迳南口的莲塘村境内。

  明代在横槎设置巡检司和横槎哨，莲塘是这两个机构东北远处的布控点。清代改哨为汛，绿营兵肇庆协左营东路分兵7名驻在罗坑汛。这些哨、汛、巡检司与铺配合、呼应，构成军队、治安、通信网络。莲塘是肇庆东西边境线上的一个据点，控扼着肇庆府与广州府，西江、北江与绥江，高要、四会与三水的交通要冲，因而属于多事之地，历史上曾屡次发生战事和冲突。清咸丰十年（1860年）大洪国陈金釭联合太平天国余部，由侯臣带和周春率领，二月中旬从四会直趋罗坑迳，与以莲浦为主要营地的清朝防守队伍发生激战。不久，又在富廊横江汪发生激战，战况惨烈。抗日战争期间，莲塘虽然没有成为战场，但是遭受到日本侵略军的侵扰与破坏，为时之长、损失之大、受祸之深广，堪称空前。

莲塘村的孩子们

谢氏公祠

　　1938年10月下旬，日本侵略军攻占广州后，迅速占据三水县。因此，当时的高要县东境成为抗日前线，与日本侵略军隔江对峙。莲塘处在东线的要冲，村落大，有市场，因而常有驻军。从广州和珠江三角洲逃往内地的难民、过往的商贩、旅客也往往在莲塘停留、谋生，因而它常常成为日本侵略军飞机空袭、大炮轰炸的目标。据民国《高要县志·兵事》记载，从1939年冬到1943年10月，莲塘村遭受轰炸、扫射10次，计炸死9人（其中村民5人、行商旅客2人、军人2人），受轻伤重伤者一批，炸毁房屋30~40间、船只1艘。其中1942年6月3日至7日一连5天遭到轰炸、扫射，落弹近百枚，村里的聚龙坊、厚端坊、宝树里、南门坊、汇龙门等处和公路、罗坑迳口一带都深受祸害。1944年秋，日本侵略军还从四会越过罗坑迳等山迳，窜入莲塘盘踞一夜，第二天早晨才窜回四会。日本侵略军的血腥暴行，给当地造成了深重的灾难。

六七百年洗礼成物阜文华

　　建村600多年来，莲塘一直保有重视教育的优良传统。举例来说，陈姓在水坑的祖辈陈观祐就是南宋时西江地区为数不多的进士之一，到了元代也有读书成为乡贡的。谢姓祖先累世仕宦，他们的族谱记载说，元朝左丞相铁木迭儿曾为谢崧龄撰祝寿文，称颂谢家崇文进德的世业。在明代，谢氏有几个人中了进士。到清代和民国期间，谢氏教育成就更为可观。谢家政中光绪二年（1876年）丙子科二甲第三十六名进士，谢丹飓、谢朱衣、谢达廷、谢严勋、谢璟材中了文举人，谢作高、谢燸安中了武举人，贡生则有谢熙等一批人。谢家政曾任琼州府学教授，谢氏其余举人、贡生多数被派出任职。民国期间共有大专以上毕业生10多人，专业包括政法、经济、理科、工科、军警，等等。还有一些人常年在外工作、生活，不能确切记述他们的事业。

为了创设子弟能够接受良好教育的条件，莲塘自古以来就在村内开办学校。在科举时代，设有私塾、学馆多间，以及中等文化程度以上的文社。大馆设在村外的山野中，保持环境幽静，使学子能潜心求学。其中清同治二年（1863年）在山上原大仙古寺侧设立了作人文社。又在罗坑迳半山中设立青莲庵学馆，宣统《高要县志·营建》虽然把它当作寺观入载，但不记具体的佛教事项，而说："莲塘谢族子弟多讲学于此。"可见，这是一处重在讲学的学馆，而不是只教授诵读的中低级的蒙馆、学塾。而据本村的口碑说，它原名"归西堂"，南明永历帝在肇庆建立政权期间改名为"青莲庵"，是取大诗人李白的雅号"青莲居士"之意境而命名，期盼学子们勤学巧思，能像李白那样精于创作。民国以后，兴办近代学校，逐步取代旧式的私塾、学馆。先在民国九年（1920年）兴办高要县立第四小学，后来改为区立或乡立莲塘小学，抗战期间定名为人和乡中心小学。小学毕业生有一些到肇庆或就近到四会、三水继续接受教育，还有一些到教育较发达的佛山、广州等地就读。历代以来，这些学校先后培养出一批取得科举功名和学位的人才。

改革开放以来，莲塘村发生了巨大的变化，经济获得大发展，种养业已有专业户规模经营，鱼塘成百十亩地放养，并养猪、鸭、鹅、鸡，常年为城市提供大宗肉食。古老的"莲塘市"已扩大，改进为占地0.6平方公里的市场，并约定"十日三墟"。不少村民已从事第二、第三产业。文化、教育、卫生等设施、条件大为改善。自来水厂向每户供应洁净水。集体经济壮大，全村正向建成生态文明村迈进。

莲塘古村经历了六七百年的洗礼，历史积淀厚实，人文色彩浓重，在建筑、歌谣、乐舞、习俗等方面具有鲜明的个性特色。

莲塘的那些老建筑

莲塘建筑物种类和形式多种多样，民房、学校、祠堂、寺观、庙宇、商铺、公所、门楼、牌坊、茶亭，门类众多。民房的样式与区内各村和高要市农村大致相同，多为人字斜顶单间结构，少数是厅、房、廊、天井合座式，祠堂是村内公共建筑物中最讲究的一类。原有10多座，其中"云道谢公祠"规模最大，有两主厅、一门厅，进深约50米。由于容积大，建国后它被用作粮仓，可储上百万斤稻谷。青砖砌墙体，花岗石砌墙脚、台阶，檐、拱、楹、柱则用硬木制作，精雕细刻花草、蟠龙、祥云等图案、花纹和故事图，施油彩。祠堂前原来竖立的标志科举功名的"桅杆夹"和"题名碑"现在仍有一部分得以保存。

古村鼎湖

人文鼎湖
REN WEN DING HU

GUCUN DINGHU

包罗万象的特色歌谣

除了民歌以外，这里富有特色的是应对农事、节令、气候、婚嫁、庆典而吟唱的《求雨歌》、《哭嫁歌》等等。旧时女子出嫁时所唱的《哭嫁歌》把《十二月调》、《十二月大事歌》也包罗进去，如"正月桃花，二月桃子，三月拜青，四月麻黄，五月龙舟，六月大暑，七月拜仙，八月中秋，九月重阳，十月禾黄，十一月冬至，十二月送灶君迎新年。"既咏农事、物候、节令，也咏人伦、生活，并着重叮嘱新人要把握时、节、令，不误农事，不失时机，善于经营，也表达分离前夕对至亲的衷心祝愿。

由于村大人众，年中红白诸事，如节庆、拜祭等活动时有发生，依例举行仪式，行礼、奏乐、舞狮、敲锣打鼓，种种乐声、舞拍盛行，气氛比一般村庄热烈。

近代留名的杰出人物

在六七百年的历史演进中，莲塘涌现出一些事迹彰显的人物。其中在近代出现的人物因事迹较为清晰，故可详加记述。

谢作高，号蓬山，清道光二十一年（1841年）武科举人，奉派入绿营为武官，累升至顺德协副将，咸丰十年（1860年）春节，谢作高休假回乡，适值大洪国将领侯臣带联合太平天国石达开余部将领周春等向本地进攻。谢作高遂率领乡兵抵御，因兵力悬殊，在罗坑迳接战不支，向南撤退时跳下石桥，失足摔倒而丧生。清政府厚恤谢作高的儿子，赐云骑尉，并赐恩骑尉的世职。他的长子谢述衡也任武官，授新会左营千总，奉命赴广西追剿太平军，于咸丰五年（1855年）在浔州城力战而死，也获厚恤，领云骑尉世职，恩骑尉世袭。父子均战死，抚恤同号。

古村鼎湖

谢作高虽是武官，但却好文事，宣统《高要县志》称他："性廉退，武士而有儒风。"正是指此而言。其著述有《兵机纪略》、《河洛精萃》。

谢鹤年（1900～1960年），字鸣皋，广东大学英文专修科毕业生。历任广东省政府政治部少校部员、国民革命军第十一军二十五师七十四团少校指导员、广东省党部候补执行委员。民国二十五年（1936年）参加广东省县长考试，获第一名，派任德庆县长，后调任鹤山县长、揭阳县长。抗战期间，历任第十二集团军军官补训团上校政治教官兼军训处主任，直属第七野战补训团上校团长；广东绥靖公署政治部副主任；第七战区司令长官部少将参议；中国国民党广东省党部执行委员、宣传处处长、书记长。抗战胜利后，任广东省农会理事长、"国民大会"代表。1949年到台湾，继任"国民大会"代表。

谢崧举，1927年广东警监学校毕业，1933年参加广东省县长考试，名列第六名，出任乳源县长。抗战期间，历任第七战区司令长官部机要室少将主任。抗战胜利后，任衢州绥靖公署民事处处长，国民政府授予甲种一等光华勋章。1950年赴台湾，酒后醉死于台北。

谢瓘材，清代举人，参加同盟会，投身辛亥革命。民国建立后，参加孙中山领导的讨袁、护法运动。1915年12月至1917年7月，任高要县立中学校长。后当选护法国会众议院议员，任期从1917年至1922年，是广东省推选出的30名议员之一，与邹鲁、伍朝枢等同列，从事恢复《临时约法》，实现统一全国的活动。

古韵古树满蕉园

　　鼎湖山下,坑口街道办事处西北2公里处,绿树翠竹簇拥,清溪碧渠回环,有600多年历史的蕉园村老而气盛,古而常新。村里积淀的人事与神佛交结多、古树木分布多、古迹古韵话题多,引人寻踪探幽。

蕉园晚照

蕉园古树人家

与庆云、白云两寺结缘

　　鼎湖山上的白云寺在明天顺年间（1457～1464年），得到蕉园梁埠施田数十亩作寺产，所得收益补给寺里经费。明天启、崇祯年间（1621～1644年），梁姓第九代梁少川赠与鼎湖山上虎窝地方，用以兴建庆云寺，因此梁少川被庆云寺认作鼎湖山山主。凡庆云寺举行重大法会庆典都与蕉园的父老商议，有时还邀请村中的父老甚至其他村民到寺观礼，在素席上餐叙，僧俗关系十分融洽。一个村与名寺结缘数百年，实属罕见。

绩著通州牌坊

　　村中的梁氏宗祠既是祠堂，又被定名为鼎湖山山主梁少川的"山主故居"，始建于明成化六年（1470年），历代多次修建，占地660多平方米。整座宗祠规模宏大，三进两层结构严谨，装饰讲究，气度庄重，有青砖绿瓦、白石圆墩、圆硬木大柱、壁画灰塑。特别是天井中间巍然矗立着三门石牌坊，正额的楷体石刻"绩著通州"，遒劲圆熟，气象威严而略显富态。4个大字由明帝手书，属罕见的"御书"，是对蕉园明永乐十五年（1417年）举人梁埠在江南通州直隶州知州任上政绩卓著的表彰。

苏真人亲手栽种的五月茶

苏真人遗迹与灵物

相传苏真人原是蕉园村人,名叫苏华林。他与乡间两位异姓朋友同赴武当山学道求法,学成归来后施法灵验,被奉为"真人"。逢农历四月二十日是苏真人诞,十分热闹。村里存留着他的遗迹、灵物。一棵其亲手种植的五月茶树下有一方雕刻着"灵符"及其道语的大石。还有一块黄色的"枕头石",一端凸起如枕,据说如果躺下垫枕可立刻消除疲乏。

苏真人祠坐落在森森古树的浓阴之下,规模不算宏大,但端庄精致。祠内供奉着苏真人塑像。从前遇到大旱天,村民会抬着塑像巡游,后面有人挑着盛满水的桶,边走边洒水。据说这样不久后会降雨。

古屋古井与古树

村里建筑古色古香,有8座建于明清两代的古屋和商铺,有6条里巷和6座牌楼,还有用溪涧石铺砌的多条村道。龙溪书院是从前的私塾,至今还在。位于古树和翠竹间,有一龙井,建于明洪武五年(1372年),泉水从不枯竭。井口形如圆月,井台平整,清澈的井水成为优质的生活用水,滋润百家。因井周围人家大都生了双胞胎,故又被称作"孖仔泉"。

村周、村中可见古树名木,100~620年树龄的达60多棵,包括榕树、楹树、白银香树、五味子树、木棉树等。属国家一、二、三级古树的共50多棵,最老的树龄达620年,其中苏真人手植的五月茶也有550多年了。这些老树枝虬叶嫩,历久常青的生势蕴含着人生智慧。

度假 鼎湖

鼎湖区内，山、水、绿、鲜，多元素和谐并存，人文地文组合，色彩鲜亮。景区布列着景点，景点凸显五光十色的景观。千姿百态，各擅胜场。区内盛产山蔬瓜菜，特产美食，林林总总，吸引着八方游客。

砚渚沃土，文脉相传

　　肇庆古城内丽谯楼下拱道门两侧有一副石刻联语"星岩朗曜光山海，砚渚清风播古今"，"砚渚"一名，成为砚洲的又一个雅称。"砚渚清风"体现了包拯当年离任端州"不持一砚归"，把不该受用的端砚佳品义无反顾地掷落西江急流那种清正廉明的凛然风范。传说那方砚台化成了如今的砚渚。"渚"是水中的小洲，如今砚渚通常称为"砚洲"，或者"砚洲岛"，作为一方沃土，已是有名的生态文化休闲度假区。

　　金沙滩游乐场位于洲的西端，西江的滔滔洪流挟带的泥沙在这里沉积，经沧江清流冲刷净化变成颗粒明净的大片沙滩。数百亩的平旷沙滩，水清沙软，在艳阳之下泛着金光。这里既是天然的理想泳场，又是恬适的沙滩日光浴宝地。赤足轻踏细沙，清新舒缓流淌的碧水，戏水逐浪，拾蚬捉虾，野趣盎然。

美丽的砚洲岛

彼岸寺毗连金沙滩，寺院庄严肃穆，布局合理，殿堂规整。殿内供奉着三宝佛、显圣观音、莲花观音、地藏王菩萨、韦驮菩萨和弥勒佛。不少信徒来奉香敬礼，香火旺盛。自清雍正年间开光以来，一直有香港、澳门、南海、番禺等地的香客来参拜。寺院内有一座楼房供客食宿，可以尝到可口的斋菜。

保存完整的陈氏宗祠和罗氏宗祠历史悠久，积淀厚实。陈氏宗祠是进士与留美博士陈焕章的祖祠。陈焕章毕生致力于推行孔教，最早的"昌教会"就在祠内举行。清光绪二十九年（1903年），陈焕章创办的西江第一所家族新式学堂——颖川两等小学堂就是在祠内集议、筹建的。励刚家塾与瑞垣家塾至今保存完好。前者又名"丽江楼"，是陈焕章以其父亲的名号命名的楼。"励刚家塾"4个字是康有为手书。瑞垣家塾楼高3层，占地360平方米，钢筋混凝土结构，有釉砖铺设、线格装饰，精致美观。这些家塾与学堂的兴办凝聚着陈焕章及其父母、叔父和其他父老"敦教勤学"的心迹。

砚洲岛上，村庄里坚固平整的巷道、形态坚挺的镬耳屋，田野上连片的桑基鱼塘、荷田藕池，让休闲度假区呈现出多样的风情。

砚洲田园风光

度假鼎湖 DUJIA DINGHU　　人文鼎湖 REN WEN DING HU

砚洲古村道

砚洲陈家祠

天然氧吧，鹭翔天湖

　　肇庆天湖生态旅游度假村（简称天湖生态村）位于肇庆市鼎湖区沙浦镇烂柯山脚下，西江河边，距珠外环高速公路鼎湖沙浦出口约2公里，广州直达景区约45分钟车程，交通区位十分便利。

　　始建于2001年的天湖生态村占地面积约1800亩，经过近十年的建设，已经形成了良好的生态环境，种有植物多达500余种，绿树成荫，四季水果飘香，花卉艳美，近百种鸟雀，万只白鹭，飞舞天湖，形成绝佳胜景。

　　以打造中国文化信仰体系核心的"喜"字文化为主题的天湖生态村，集岭南文化、西江水乡风情、鼎湖"喜有此鲤"系列美食与节庆文化，以及湿地生态休闲旅游等元素，构建成吃、住、行、游、购、娱于一体的综合性度假景区。

湿地公园——天湖

度假鼎湖 DUJIA DINGHU | 人文鼎湖 REN WEN DING HU

绝美天湖

天湖生态村设置有马尔代夫式"喜出往外"木屋度假区、"喜有此鲤"乐园、"喜上眉梢"游泳池、"喜事连连"观鸟区、"喜上加喜"绿道等以"喜"字文化为主题的20多个景点。天湖生态村,四季瓜果缤纷,任君采撷,在此可抛却烦恼,回归自然,享受收获的乐趣。炎炎夏日,可在大型荷花池欣赏到"接天莲叶无穷碧,映日荷花别样红"的美景。春秋佳日,在横跨池上的曲桥随意徜徉,任清风与幽香拂面。区内有白鹭类飞鸟13种,白鹭齐飞,远山深秀、近水盈盈,大可与《滕王阁序》中的"落霞与孤鹜齐飞,秋水共长天一色"比美。

五色画廊黄金沟

　　黄金沟旅游风景区位于鼎湖区凤凰镇竹坝村内，因当地山民曾在此采沙淘金而得名。景区内山高林密，古木葱茏，鸟语花香，流水潺潺，空气负离子含量高；瀑布众多，奇石奇树与水体等形成的奇景难以罗列。此外，客家民俗风情浓郁，地方特产丰富，生态美食多样。魅力山水、古韵人文、恍如隔世、返璞归真，正是对黄金沟至高境界的赞誉。

　　在峡谷中徒步而上，形态、色彩各异的十几条瀑布随着四季的更迭变幻多端，令人目不暇接。其中最富意趣的有水叠瀑布、冰泉瀑布、仙女散花瀑布和雪花瀑布。周围丛林茂密，古藤缠绕，溪流清冽，山花遍野，仿如一幅美丽的山水画。在嶙峋怪石上空走钢丝，扶着绳索过独木桥，在飞瀑流泉形成的天然滑道中滑流，于潭中木筏拉纤乘渡探瀑，穿行古木栈道，攀着铁索上云梯，倦了可在别致自然的凉亭中小憩。

拓展培训基地设在风景优美的青山绿水间，巧妙地将各训练项目隐藏于原生态的自然之中，彻底摆脱了操场式的刻板训练环境，着实让参与者在接受训练的过程中更真实地挑战自然、享受自然，达到磨炼意志、陶冶情操的培训目的。

野猪林溯溪是一项可以结合登山、攀岩、露营、野外求生、定位运动等综合性的户外活动。在溯溪过程中，溯行者须借助一定的装备，具备一定的技术，去克服诸如急流险滩、深潭飞瀑等艰难险阻，充满了挑战性。溯溪活动需要同伴之间的密切配合，利用团队精神去完成攀登过程。所有的困难都是未知和难以预料的，但是所有的困难和未知都是启发你思考和向上的动力，这就是溯溪的时尚魅力。

景区内的半山餐厅，以地道的特色山料，推出一系列采用古法烹饪的美食，就是用柴火来烧煮，做出的菜式味道绝佳。客家特色农家菜有山村走地鸡、九坑百日鹅、九坑河水库鱼、客家焖猪肉、山坑螺，等等。

"仁者乐山，智者乐水。"古藤架下，桃源梦底，何须寻寻觅觅，山水灵秀之地——黄金沟是您休闲度假的理想首选。

藏龙沟，鼎湖山的后花园

藏龙沟旅游风景区位于肇庆市鼎湖区凤凰镇同古村内，鼎湖山北面，有"鼎湖山后花园"之称，自然生态覆盖整个景区。景区周边盏额村人口170多人，农户34户，属典型客家族群。客家民俗风情浓郁，乡村气息浓厚，是调节生活节奏、寄托闲情逸致、提高生活质量的好去处。

景区内分三大区域：植物区、溯溪区、攀抓区（探险区）。适合各类人士户外活动。

植物区的植被与鼎湖山相似，道路平坦，沿溪而上，生长着各种各样的珍稀植物，其中部分植物是游客闻所未闻的，到这里可以增长不少知识。

溯溪区路途崎岖，游客可在溯溪途中欣赏一幕接一幕的胜景，体验过独木桥、乘滑索、撑竹筏、爬软梯等户外活动的种种乐趣。

探险区里深山老林，线路穿越悬崖峭壁，山陡坡斜，古树参天，山藤缠绕，直上仙人石顶端，观览众山，大有当日"诗圣"杜甫在《望岳》诗中所吟"一览众山小"的气势，确实开阔视野。

溯溪区和探险区都有各色各样的瀑布，形态、声音、水量各异，景观夺目。溯溪区的叠石瀑从密林中涌出，分成无数股细流，千姿百态。飞龙瀑高达40多米，呈弧形，瀑后有约10米的水帘洞，瀑泻势如雷霆万钧，震撼附近。探险区的瀑布奇观形势更加惊险，耐人寻味。

同古山居——湿地风光农家菜

同古山居位于鼎湖区九龙湖上游，紧倚鼎湖山北麓，是一处深山环抱、湿地风光旖旎、宜人宜居的佳境。

同古山居在同古村内，是风俗淳厚、民情质朴的客家聚落。身居深山不离文化传播，村里由资深教师开办的书画培训班曾经培养了一批书画界的新秀。

湿地宽广是同古山居得天独厚的优势。处在九坑山区的纵深部位，竟然湿地连片，而且资源充沛，泉水淙淙，溪流萦绕，植被铺展，野草闲花杂生于溪畔沟沿。在这个亲水的润湿环境里，清风轻拂，滋润的气息直沁心田。

　　这里与鼎湖山连接，同处在北回归线上，因而物种也大体相近，其中的原生态热带雨林是一道壮观的风景线。坡上涧里，蓊蓊郁郁，繁茂壮伟，一派生机勃勃的景象。

　　相邻处是"亲亲大自然"科普教育基地。原生态的、栽培的物种形形色色、千姿百态，置身其间既可领略大自然的机理，感受生命的历程，也可陶冶"不以物喜，不以己悲"的情怀。

　　同古山居的农家菜很有名，是名副其实的山间风味。餐饮用水全部取自山泉，用山泉水泡沏的同古山茶非常清香，山水豆腐花更是与山外滋味不同。农家菜式多种多样，咸菜炆鹅、白切鸡、山坑鲜鱼仔等都是九坑山区风味，是选取本地出产的山坑鱼仔、山坑虾、山坑螺和九坑河水库大鱼、九坑百日鹅、九坑走地鸡来烹制的。有两种特色菜不得不尝，一是烧全猪，二是糯米甜酒。

度假鼎湖 DUJIA DINGHU

人文鼎湖 REN WEN DING HU

蕉园乐韵

美 食

> 鼎湖有不同类型的餐馆、食肆，也都备有本地特色的菜肴食谱，应客即点即制。特别是贡品文㞗鲤最负盛名。

文㞗鲤 是特色鲤鱼，产于区内沙浦镇典三村3000亩水土、环境独特的文㞗塱。曾是清朝的贡品，慈禧太后尤为喜爱。从清代以来一直驰名于港、澳、穗，以及东南亚地区。20世纪70年代初，柬埔寨国家元首西哈努克亲王和埃塞俄比亚塞拉西皇帝访华期间慕名品尝，倍加赞赏。其知名度南北远扬，在于肉质细嫩，肥而不腻，骨软鳞脆，甘香味鲜。最宜用油盐清蒸。不上火，无泥腥味，不用姜，不用酱油。

文㞗鲩 同产于沙浦镇典三村文㞗塱。体大肉质细腻，无泥腥味，可煎、焗、蒸、焖、炖、做火锅，各具风味。特别是生晒鲩鱼干，另具风味。生晒时围网隔绝苍蝇，保持清洁干净。

三黧鱼 即鲥鱼，别名有多个。味道鲜美。本地有"春边（西江边鱼）秋鲤夏三黧"之说。唐朝刘恂《雨航杂录》卷下："箭鱼即鲥鱼也。腹下细骨如箭簇，首夏以时而至而名。"是说之所以称为鲥鱼，是因为初夏时节从海里溯河而上，依时到来。由于细骨多而尖锐，因而又称为箭鱼、翘鼻鱼。清代著名学者、诗人彭泰来在《诗义堂后集》中以《食鲥鱼》为题对鲥鱼的品质"瑕不掩瑜"作了调侃。"尺半银刀入市稀，西江春尽水生迟。彭郎且莫嫌多骨，少见原佳子固诗。"对宋释惠洪《冷斋夜话》引当时的"五恨"中的"第一恨鲥鱼多骨"进行婉转的辩解。

久负盛名的文㞗鲤

嘉鱼 原生活于西江。栖身于水下石穴,喜清流,大体上每年在农历十月出穴,三月初入穴,因而每年在冬春季节当令。明清时代不少名家要人对西江嘉鱼情有独钟,赞赏有加。著名哲学家、教育家白沙先生陈献章在明弘治年间(1488~1505年)船行经西江小湘峡时,恰逢54岁生日,就地买来嘉鱼过生日,作诗道:"两山断处小湘峡,十月嘉鱼出水鲜。引满阿侬生日酒,微吟空记属牛年。"佳日得嘉鱼,嘉鱼招来美酒,美酒贪杯引致醉意,竟然把猴年生日当作牛年生日。200年后又一文学大家屈大均嗜好嘉鱼,不但自己乐此不疲,而且不辞行三日水路,储备清泉护养,"双盘泼剌鲜"地"得奉老亲前",又"频将良友招",使儿曹"餍饫得连朝"。在《自端州载嘉鱼归山草堂》一诗中,喜不自胜地表述这一趟护养嘉鱼"小博高堂"欢心的感受。

肇庆裹蒸 闻名已久。随着现代化的推进和市场经济的发展,肇庆裹蒸的市场日益扩大,已成为鼎湖特色产业之一,时间、空间、频率都大为拓展。过去只在重大节庆和冬季制作,目前全年都在供应。经过标准保质包装,除销往广州等珠江三角洲地区外,还远销海内外。以前只作为点心供家庭食用,现在已成为大小食肆中的美味特产。

其他 利用本地和肇庆市内的禽畜和水产品、山果、野蔬制作的菜式、食品众多,难以罗列。传统特色风味的菜式有侎坑鲩、水坑炒鹅鲴丝(方言)、肇庆香芋南瓜煲、碌鹅、鸡煲蟹、鼎湖山水豆腐、鼎湖罗汉斋等等。

特色菜式

依坑鲩

从选料到烹调，程序讲究、复杂。主料必须是产于依坑的鲩鱼。依坑位于北岭山下，水体未受污染，养殖过程不使用催生性饲料，鱼的质量得到保证。鲩鱼一般选1.5~2斤的，太小的鱼缺少鱼的鲜味，清水蒸时里外熟不均匀，鱼质不嫩滑。配料由多种酱油和香料组成，不用盐使其风味独特。烹饪有两道工序：先清水蒸熟，大约蒸8分钟（看鱼的大小而定）；后把蒸熟的鱼水倒掉，用配料打芡后上碟。每个程序都要十分讲究火候和技巧。

水坑炒鹅姆丝

选3年以上鹅龄的老鹅姆（老母鹅），越老越好。每年7~8月是鹅姆的旺蛋期，也是食用的最佳时机。

烹调方法：

1. 从鹅背起刀向两边至鹅腿把鹅肉起（割）出切成块状；然后顺横纹连皮切成如牙签般大小的鹅丝；把咸菜、洋葱、芹菜、姜、荞头也切成丝状。

2. 把咸菜烘干备用；洋葱、芹菜等配菜炒熟备用；油炸粉丝、荞头丝备用。

3. 炒鹅丝，把事前用盐、生抽、糖等酱料拌好的鹅丝用旺火生炒至八成熟；再把炒好的配菜倒入镬内，与鹅肉丝混合炒至熟即可上碟；将备用的粉丝、荞头丝铺在菜面，便可食用。

炒法有明镬和阴镬（盖镬盖）两种。明镬炒，鹅肉香脆；阴镬炒，鹅肉嫩滑；各具风味。鹅骨配以党参、北芪、淮山、杞子等药材煲老鹅姆汤，煲3个小时，有滋阴补肾、健脾壮阳之功效。鹅喉晒干后煲蚝豉，可防治小儿百日咳，甚是灵验。

鸡煲蟹

制法源自本地厨师。据说鼎湖食肆的一位厨师，在一次烹煮鸡料时突发灵感，将蟹与鸡放在一起煮，感觉味道特别鲜美。从此在此基础上再加以改进，形成特色美味。成型的制法是将西江毛蟹与走地鸡、鹿茸、红枣、党参共冶一炉。选料必须保证上乘，毛蟹要挑选壳硬、颜色发青、肢足完整、有活力的个体，重量以500克有4~6只为理想。鸡要选纯正的走地土鸡。烹制时首先把鸡肉用姜葱爆香，蟹也用文火过油炒至金黄，适时加油、姜、陈皮同炒除腥。之后把蟹与鸡肉一起放进大煲内，添上鹿茸、红枣、葱等佐料，先用大火，后改文火煲2~3小时以上。这时鸡肉与蟹肉味道融合，色、香、味俱全，特别是其中的汤，醇厚香浓，耐人回味。

购物

粉葛 鼎湖大规模种植,已有三四百年的历史,多产于蕉园、砚洲、桃溪等地。品质上乘的砚洲粉葛体大粉多,肉白无筋,是煲粉葛汤和制作粉葛扣肉的首选。近年扩大用途,将粉葛打粉,用以制作糕点、糊。

肇实 目前区内沙浦镇是肇庆的肇实主产区和加工中心。除了作汤料、药材、保健品之外,还用来制作饼干,是旅客常购的手信。

砚洲大头菜 连同亲近的砚洲冲菜、排菜,是有名的干菜、腌菜,风味浓郁。

紫背天葵 鼎湖山特产。经过加工制作后的成品色泽鲜艳,叶脉纹络光滑柔和,冲了开水后水色紫红,加入少许白糖后味道甘甜微酸,味觉鲜美,有解暑、除热、消毒、解渴、解酒、健胃、助消化的功效。郭沫若有诗句称:"客来不用茶和酒,紫背天葵酌满怀。"

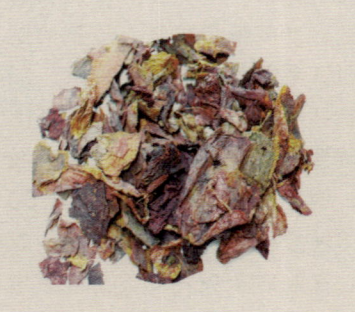

鼎湖山茶饼 按照庆云寺僧人传统的制药方,采集鼎湖山上有关的草药制成。具有消暑散热、生津止渴、开胃消滞等功效,可治轻度感冒。

鼎湖山拐杖 采集鼎湖山上形状、姿态特殊的干、枝、藤,截取、制作、装饰而成。造型新颖,实用价值高。

上图:粉葛
中图:肇实
下图:紫背天葵

菩提树书签 菩提树属佛教圣物，庆云寺花园内的两株菩提树树龄已超过200年，树叶浓密，经过加工制作，叶脉纹络保持坚硬透明，适宜作书签。

海红豆 即相思树籽仁、相思豆。色泽深红，外形为心状，可作装饰品，也可以作情人之间的信物。

吊钟花 每年春节前夕城乡人家习惯购备吊钟花作新年装饰物。其中最热衷的是选购鼎湖山产的吊钟花，烂柯山产的与之接近，因为花蕊多至9朵，甚至12朵，从清代以来在广州的花市上久负盛名。清道光《肇庆府志·食货》记吊钟花："每簇九花，岭南处处皆有，惟鼎湖山所产每簇十二花。"

杜鹃花 又称"映山红"。每年3～4月间，鼎湖山、鸡笼山的灌丛中杜鹃花盛放，红、白、黄、紫都有，以红白居多，粉红色的特别娇艳。它的嫩叶可入药，对慢性支气管炎有疗效。

栀子树 每年3～4月间，鼎湖山丛林山坡中的栀子树花朵盛开，色泽洁白，香气浓郁。近现代著名剧作家和诗人田汉作《访肇庆鼎湖》诗："碧树参天蔽日光，吊钟鱼尾各成行。北人都说南方好，三月春初桂子香。"最后一句的花香实际上是说栀子花的芳香。栀子花可供制香皂，提取香精，栀子可提取黄色染料，果和根可入药，树可移栽作盆景。

人文
鼎湖